DECODING
THE US BIOMANUFACTURING POLICY
HISTORY, IMPLEMENTATION, AND EXPERIENCE

解码

美国生物制造政策

历程、实施与经验

鹿鸣　编著

中国发展出版社
CHINA DEVELOPMENT PRESS

图书在版编目（CIP）数据

解码美国生物制造政策 ： 历程、实施与经验 / 鹿鸣编著. -- 北京 ： 中国发展出版社, 2025. 6. -- ISBN 978-7-5177-1491-0

Ⅰ. F471.267

中国国家版本馆CIP数据核字第2025MZ3014号

书　　名： 解码美国生物制造政策：历程、实施与经验
著作责任者： 鹿　鸣
责 任 编 辑： 吴若瑜
出 版 发 行： 中国发展出版社
联 系 地 址： 北京经济技术开发区荣华中路22号亦城财富中心1号楼8层（100176）
标 准 书 号： ISBN 978-7-5177-1491-0
经　销　者： 各地新华书店
印　刷　者： 北京富资园科技发展有限公司
开　　本： 710mm × 1000mm　1/16
印　　张： 12
字　　数： 160千字
版　　次： 2025年6月第1版
印　　次： 2025年6月第1次印刷
定　　价： 78.00元

联 系 电 话：（010）68990642　68990625
购 书 热 线：（010）68990682　68990686
网 络 订 购： http://zgfzcbs.tmall.com
网 购 电 话：（010）68990639　88333349
本 社 网 址： http://www.develpress.com
电 子 邮 件： 121410231@qq.com

目　录

第一篇　美国生物制造政策制定历程

第二篇　美国生物制造政策实施情况

第三篇 美国生物制造政策的项目实施与智库推动

第四篇　美国等国家生物制造政策经验总结

第一篇

美国生物制造政策制定历程

近年来，生物制造产业发展势头迅猛，全球主要发达国家均将生物制造提高到国家战略高度，其中美国尤为重视[①]。奥巴马、特朗普、拜登三届政府历经十余年持续推动生物制造领域发展，针对生物制造发展蓝图、技术路线、评估指标、中远期目标等发布一系列政策文件及报告。

① 目前，美国社会各界对生物经济与生物制造的概念未达成明确共识，在发布的相关文件中，二者之间时常混用，但可以看出，美国十分重视发展生物制造产业，力求以生物制造发展来促进生物经济发展。

第一章　奥巴马任期：布局顶层设计

奥巴马政府时期（2009 年 1 月—2017 年 1 月）生物技术发展迅速，美国认识到生物制造及生物经济的重要性，从国家层面明确发展愿景，并委托相关机构开展深入研究。2012 年 4 月，美国发布《国家生物经济蓝图》[①]，对生物经济的定义进行初步界定，并着重强调其对美国未来创新和经济增长的重要驱动作用，提出加强基础研究和技术开发、促进研究成果从实验室走向市场、优化产品监管机制、培养生物经济人才、增进合作伙伴关系五大战略目标。2015 年 3 月，美国国家研究理事会（NRC）发布《生物工业化路线图：加速化学品的先进制造》，进一步阐述生物制造的发展前景，特别指出以生物化工为代表的生物制造产业将在未来 10 年内快速成长，并建议制定长期发展规划，以持续引导生物技术开发、创新成果转化和商业规模化发展。

第一节　发布顶层设计蓝图

一、美国联邦政府各部门开展前期工作

奥巴马政府十分重视生物技术的开发利用，指示美国联邦政府各部门

① 本书中出现的美国生物经济相关的重要文件英文名称见附表1。

加大政策投入力度。

美国国立卫生研究院（NIH）持续加大细胞疗法研发投入力度，加快推进诱导性多能干细胞（iPSC）疗法的开发，针对帕金森病、亨廷顿病和肌萎缩侧索硬化症先后设立了三个 iPSC 疗法联合体，以更好地挖掘其在助力基于细胞的新药物和新疗法发展方面的潜力。2011 年，NIH 成立再生医学中心，以加速基于 iPSC 疗法的临床试验和测试。此外，NIH 还致力于创建新的生物经济人才培训方式。2011 年，NIH 的国家一般医学科学研究所发布了其生物医学和行为研究培训战略计划，针对培训生的职业发展变化、生物医学领域人才结构单一等情形进行专门设计。此外，NIH 还组建了生物医学人才工作组，为未来从事学术或者实践工作的相关人员定期更新培训计划。

美国食品药品监督管理局（FDA）积极将药物临床数据以及上市后的药品安全性监测数据资源转化为药物开发能力，挖掘开发出新的治疗方法和药物。FDA 不断更新信息技术并提升数据分析能力，以便在保护患者个人信息的同时增强对大型、复杂数据集的分析能力，以提供新疗法并显著降低药物和器械开发成本。2011 年，FDA 宣布启动“企业家驻地”试点计划，旨在吸引一批具有前沿商业实践和医疗设备使用经验的外部专家与 FDA 的工作人员共同开展工作，以推动有可能彻底改变传统治疗、诊断方法的技术优先通过审批并投入使用。

美国国家科学基金会（NSF）为应对健康、能源、食品、环境等领域面临的日益复杂的挑战，先后发起两个项目以挖掘生命科学和物理科学交叉点的潜力。2011 年，“生物地图”项目启动，该项目集合了 NSF 下设的生物科学理事会、数学和物理科学理事会以及工程理事会的专家力量，旨在通过学科交叉研究获得新的基础知识和方法。2012 年，“创意实验室”

项目启动，该项目旨在通过汇集来自多个领域的多样化研究者群体，识别最具创新性的多学科研究项目，以应对科学领域的重大挑战。NSF 还通过创新资助项目加速高校研究成果的商业化应用。2011 年，NSF 推出了“创新军团”（I-Corps™）项目，以促进将基础研究成果转化为有用的技术革新为宗旨，鼓励学术界与工业界合作，为学生提供了解和参与将科学与工程领域的创新成果转化为创新技术应用的机会。2011 年 2 月，NSF 建立了“21 世纪科学与工程的网络基础设施框架”，以提供全面、集成、可持续和安全的信息数据基础设施，提高教育、科学以及工程研究等计算和数据需求密集型领域的数据分析能力，加强公私部门之间的合作，加快大数据对生物经济发展的赋能。

美国农业部（USDA）加大了对服务少数族裔的机构在农业科学建设方面的投入与支持力度。为提升生物经济领域少数族裔人才的素养，USDA 先后总计提供了超过 5100 万美元的经费支持。2011 年 10 月，USDA 承诺向 18 个为西班牙裔提供服务的机构提供 880 万美元，以支持其在应对气候变化、生物基能源开发、食品安全等领域的研究项目。此外，USDA 还为其他少数族裔服务机构提供支持，特别是在能力建设和科学、技术、工程、数学（STEM）教育方面。

美国能源部（DOE）借助联合体的力量来推动先进生物燃料的生产。2009 年，美国颁布《复苏与再投资法案》，启动“生物质计划”，成立两个多学科联合体。这两个联合体汇集了来自高校、美国国家实验室和工业界的相关研究人员，并由 DOE 提供 8500 万美元资金，用于开发加速生物燃料和生物基产品商业化的技术。

美国国家环境保护局（EPA）于 2011 年宣布实施以高通量测试替代动物测试的计划。该计划的目标是测试约 10000 种化学物质的毒性，这些化学物质广泛应用于食品、药品生产以及其他工业领域。以往，科研工作者花费一年时间只能测试 20 种化合物的特定毒性，而高通量设备一周之内就可对数千种化合物进行毒性测试，显著提升了效率并降低了成本。高通量测试也有助于减少用动物进行毒性测试的频次。

美国国家海洋和大气管理局（NOAA）向全国四所领先的少数族裔服务机构提供了 1080 万美元，用于学生在遥感、环境科学、海洋资源、大气科学等领域开展的研究。这些研究对于理解和预测环境的变化以及保护和管理海洋资源具有重大意义。

二、部署未来五大战略举措

奥巴马政府将发展生物经济确定为国家优先事项。为进一步推进生物经济发展，2012 年 4 月，美国发布《国家生物经济蓝图》，提出加强生物技术研究，并将其作为美国创新和经济增长的主要驱动力，利用生物技术进步和产品创新来应对美国在食品、能源和环境等领域面临的挑战。《国家生物经济蓝图》旨在促进美国生物技术创新、推动经济快速增长，并确保美国在全球生物经济中保持领先地位。

《国家生物经济蓝图》首次对生物经济的含义进行了界定，认为生物经济是由生物科学研究和创新驱动的经济形态。《国家生物经济蓝图》确定了未来推动生物经济发展的五大战略举措，以加速美国生物经济发展，并带来良好的社会效益。一是加强基础研究和技术开发；二是促进研究成果从实验室走向市场；三是优化产品监管机制；四是培养生物经济人才；五是增进合作伙伴关系。

(一)加强基础研究和技术开发

1. 开展前沿战略研究

NIH、FDA 和美国国防部高级研究计划局(DARPA)于 2011 年共同启动“器官芯片”项目。该项目为期五年，总投资 1.4 亿美元，致力于开发一种能够快速检测毒理学指标信号的技术，精准模拟人体对药物和疫苗的生理反应过程，从而降低对药物和疫苗动物实验的依赖程度，加快药物的发现与开发进程。

美国国土安全部(DHS)综合应用生物信息学、宏基因组学和比较基因组学等学科知识，开发了一种基于基因组学的微生物分析方法，以识别自然界存在的各种微生物及经过基因工程改造的微生物。此外，上述部门计划与美国国家生物技术信息中心合作建立一个全面的基因组目录，覆盖包含病原体在内的各类微生物，以助力提高公共卫生、国土安全、食品安全和医疗诊断等领域的检测和监测能力。

USDA 和 DOE 于 2011 年 4 月启动“生物质计划”，承诺在之后的 3 ~ 4 年提供 3000 万美元资金，以支持先进的生物燃料、生物能源和高价值生物基产品的研发。2011 年 9 月，USDA 启动“农业和食品研究计划”，承诺提供超过 1.36 亿美元的资金，并联合学术界、工业界及其他政府部门合作开展生物能源系统的区域协调项目，开发多样化的可再生燃料和生物基产品，以减少温室气体的排放。

2. 创新资金激励方式

一是利用奖金激励推动创新。在 2009 年 9 月发布的《美国创新战略》中，时任美国总统奥巴马呼吁联邦政府各部门明确目标，不限定方法和主体，任何达成目标条件的个人和团队均可获得奖金激励。2010 年 9 月，美国联邦政府推出一站式平台，发布相关任务和奖励资金额度，一年内向 40

多个部门颁发了百余项奖金，为儿童肥胖、1 型糖尿病等问题和疾病提供了创新解决方案和治疗方案。2010 年 12 月，美国国会通过了《美国竞争力再授权法案 2010》，准予所有联邦政府部门广泛开展有奖竞赛。

二是建立跨学科项目的资金支持新机制。NSF 于 2012 年推出 CREATIV① 试点项目，为极具探索性的高风险、高回报跨学科研究提供资金支持。该项目适用于 NSF 支持的科学、工程和教育等跨学科研究领域，只需要内部同行评议即可决定奖金归属，解决了在预算约束条件下外部评审小组往往更倾向于支持保守研究项目的问题，更能激发创新活力。

（二）促进研究成果从实验室走向市场

1. 增大对转化研究的支持力度

一是创新监管制度安排，加快市场应用。NIH 和 FDA 计划在 2021—2023 年共同出资约 900 万美元，支持纳米技术、用于安全性及有效性测试的传感器、适应性临床试验设计等重点领域的研究项目。在项目后续进展中，重点研究如何将预期研究成果的影响和价值最大化，以及如何确保新工具或新方法适用于监管决策过程。

二是简化内部研究成果许可流程。对于成立时间不足 5 年、员工人数少于 50 名且筹集资本低于 500 万美元的初创公司，NIH 推出了新的短期独家许可协议，以便加速将内部技术转移至初创公司用于开发新药物、新疫苗或新型疗法。这些初创公司只需要拥有至少一个美国专利，并承诺为美国市场开发产品或提供服务即可。

2. 促进创新成果技术转移

一是促进联邦研究实验室技术转移。2011 年 10 月，时任美国总统奥

① 该试点项目名称通常为英文，无官方中文名称。本书中涉及英文名称时若无注释，原因同此情况。

巴马发布了一份备忘录，要求各机构简化合作流程，制定为期 5 年的“实验室到市场计划”，结合自身情况设定目标和用于衡量进度的指标，促进区域创新集群、公私合作单位以及高新技术初创公司共享美国联邦实验室设施。

二是通过第三方机构加速技术转移。为避免因政府部门职责范围和资源限制而不能为企业提供全面的服务，USDA 研究服务处推出了“农业技术创新伙伴计划”，推动第三方机构与成熟的经济实体建立基于地理位置的合作伙伴关系，以加速 USDA 内部研究结果的商业化进程。

三是加强对企业创新行为的激励。2011 年，奥巴马政府对《美国创新战略》进行更新，制定了更为详细的政策目标，如建立支持创新企业家和创新中心的创业生态系统，并完善有关企业研发创新活动的税收抵免政策，为企业提供更加可预测的、实质性的创新激励。同年 9 月，《美国发明法案》颁布，启动了“创业美国计划”，以提供资本援助和减少创业障碍等措施进一步激励创新创业，帮助企业更快地获得专利授权，并将其推向市场，加速创造新产品。

（三）优化产品监管机制

1. 创新监管方式

一是消除生物医学创新障碍。为应对生物医学领域面临的挑战，FDA 进行了内部分析并实施改革，及时解决问题，提高监管过程的透明度、一致性和可预测性，推动医疗产品创新。同时，聚焦加强与小型企业的联系、促进药物开发、加强信息共享和挖掘数据潜力等重点领域，推出创新计划。

二是加强对人体受试者的保护，同时减轻研究人员的不必要负担。美国卫生与公众服务部（HHS）将修订管理联邦政府资助的涉及人体受试者的法规，以加强对研究人员的保护并减轻他们的负担、减少研究时间延误和提高研究精准性。例如，基于更精确的校准审查级别与风险水平，监督研究协议的审查委员会可以将关注点集中在对受试者构成的风险高于最小风险的协议上。

三是扩大“证据发展计划”的覆盖范围以推动创新。美国医疗保险和医疗补助服务中心（CMS）将实施新一轮“证据发展计划”，扩大医疗保险覆盖范围，特别是将具有广阔前景的新兴生物技术项目纳入报销范围，充分发挥医疗保险的激励作用，从而更广泛且有效地推动创新。

四是监管审查并行实施，缩短上市时间。为解决按序审查造成新产品市场准入周期过长的问题，FDA 和 CMS 启动了医疗设备并行审查试点项目。通过让 CMS 更早地参与审查过程，该并行审查试点项目有望减少产品生产者和监管机构审查人员的重复工作，从而缩短新产品进入市场以及医疗保险机构和其他保险机构支付赔偿金所需的时间。

2. 改进监管过程

一是改进监管流程，加快申请审查并开拓新的农业市场。USDA 于 2011 年 11 月宣布计划大幅简化和优化当前审批流程，如改进项目管理、随访办法以及优化风险评估过程等，预计可节省 70% 的时间。这样做的预期效果包括降低政府监管成本、改善与国外贸易伙伴的关系以及开拓国外新市场等。

二是加强对新兴技术的监管。2011 年 3 月，奥巴马政府发布了《新兴技术监管和监督原则》。根据时任美国总统奥巴马发布的行政命令《改善法规和监管审查》，美国联邦政府相关监管部门已采取措施使合成生物学技术等新兴技术的监管过程更加透明和可预测，并将实施可进一步提升监管效率的措施，同时最小化安全风险，消除不必要的障碍。

三是积极参与国际标准的制定。生物经济的规模在不断变化的全球技术格局中扩张，国际标准是推动工业创新和促进全球贸易的关键因素。2012 年 1 月，美国白宫发布的备忘录阐明了联邦政府与私营部门在标准制定过程中合作以处理国家优先事项时担任的角色。美国国家标准与技术研究院（NIST）利用其与监管机构的紧密联系，增强其在国际标准化组织中的影响力。

（四）培养生物经济人才

1. 完善 STEM 教育体系和加强跨学科培训

为扩大生物制造人才规模并提升其能力，NSF 建立了两个新项目——“可持续化学工程和材料计划”“可持续能源路径计划”，加大对科学家和工程师的培训力度，以应对美国在可持续材料和化学品方面的人才短缺。“可持续化学工程和材料计划”聚焦可持续与环保化学、材料制造领域的人才培养。“可持续能源路径计划”作为 NSF 在科学、工程和可持续性教育领域广泛倡议的重要组成部分，将为可再生能源行业的人才培训提供资源。两个项目均强调了为相关人才发展提供强大跨学科培训和良好环境的重要性。

2. 培养创业型和创新型生物经济人才

一是培养创业型生物经济人才。2011 年 10 月，FDA 宣布，计划面向商业、工程和科学领域对创业有兴趣的学生设立奖学金，来培养“年轻企业家”。FDA 计划与高校商学院合作，在 FDA 小企业办公室内为学生提供四到六个月的实习机会或培训课程，通过这一举措为未来的企业家、风险投资家和发明家提供有关监管审查和 FDA 批准流程的第一手信息。

二是培养生物经济下一代创新者。2011 年，FDA 发布了“未来创新者计划”，将监管与政策培训结合起来，以满足 21 世纪的科学和技术发展需求。在这个计划中，FDA 让候选人了解监管、制造、诊断、生物医学设备工程和计算科学等重要主题，并挑选表现出色的候选人在 FDA 内部担任相关职位。该计划将使 FDA 拥有一支高素质的专家队伍，从而有力支持 FDA 随着需求变化和技术进步而不断发展。

3. 鼓励相关院校促进生物经济人才发展

一是激励生物工程类本科专业的学生从事生物医学职业。2011 年，NIH 设立了“生物医学本科生团队设计创意挑战计划”，旨在吸引生物工程类本科专业学生（包括社区学院学生）加速创新和应用生物医学技术，为促进人类健康贡献力量。2012 年，首批参与团队在三个挑战类别中提交了关于诊断、治疗、帮助弱势群体和残疾人的技术方案。每个挑战类别的获胜队伍均获得 1 万美元的奖金，并在 2012 年生物医学工程学会年会的颁奖典礼上受到表彰。

二是通过社区学院培训提升技能。“贸易调整援助社区学院和职业培训资助计划”在 4 年内投入 20 亿美元，用于社区学院培训。该计划通过与企业合作，规划职业路径，建立教育合作伙伴关系，以及开发在线课程，在 2 年或更短的时间内帮助参与者完成高技能、高工资职业的培训。

（五）增进合作伙伴关系

一是支持建立公私合作伙伴关系以寻找已知制药化合物的新用途。NIH 计划将学术研究人员聚集在一起并为此提供资助，以加速“挽救”被遗弃的制药化合物和“再利用”批准产品，并将其用于新治疗方案。在拟议的合作伙伴关系中，企业将为学术研究人员提供以前专有的化合物及相关数据，后者将在 NIH 的资金支持下探索相关产品的新用途以增进人类健康。这种方法较为大胆，因为它旨在探索行业已知的化合物在预防、治疗和治愈疾病方面的新用途。

二是开展合作以更有效地设计药物。在 2011 年 NIH 行业研讨会成功开发并验证有希望的药物靶点的战略方法之后，NIH 成立了集合行业、学术界和 NIH 专家的专业联盟。由 NIH 提供支持的科学家基于不同人群（包括健康人和疾病患者）的数据，创建了一个庞大的脱氧核糖核酸（DNA）和基因组序列数据集合。NIH 和行业合作伙伴将使用这些数据更好地分析如何促进健康和治疗疾病，并为企业提供用于开发新诊断工具和治疗方法的高价值药物靶点。

三是合作开发新的工具以将全基因组测序从实验室研究阶段推进到临床应用阶段。在 2011 年 10 月召开的美国人类遗传学会国际会议上，NIST 召集了来自 FDA、NIH 和美国疾病控制与预防中心（CDC）的代表与私营部门利益相关者，一起探讨应开发哪些工具将 DNA 测序创新应用到临床实践中。监管机构、生产商和消费者等利益相关者的参与，将有助于推进这些工具的开发。

四是支持生物治疗创新药物的制造并通过测量研究。NIST、FDA 与生物制药行业相关机构合作制定测量标准，以支持新蛋白质治疗药物的开发、制造和监管批准。NIST 努力研究基本的测量科学、标准和参考数据，以便更准确地表征与蛋白质药物的安全性和有效性直接相关的主要属性。相关工具预计将加快蛋白质产品的改进制造进程，且符合监管要求。

五是研发生物燃料原料的创新方法。USDA 和 DOE 于 2011 年启动并建立了为期 3 年的公私合作伙伴关系，以创新发展生物燃料原料。甘蔗是将阳光转化为糖效率最高的草本植物之一，USDA 集中精力开发具有理想特性的新甘蔗作物，研究在美国气候条件下如何增加产量。建立公私合作伙伴关系的近期目标是在美国南部地区种植价值 1.2 亿美元的约 12.6 万平方千米甘蔗作物。

第二节　制定产业发展路线图

2012 年，美国发布的《国家生物经济蓝图》明确指出，生物经济作为一种由生物科学和创新驱动的经济形态，在世界经济格局中已占据了庞大的体量，并呈现迅猛增长态势，同时也产生了良好的社会效益。生物经济主要涵盖生物医药、生物农业、生物制造以及生物环保等领域，其中生物医药和生物农业占据主导地位，生物制造产业增加值在生物经济增加值中所占比例虽然仅为 10% 左右，但产业发展潜力巨大。

生物制造作为生物经济的关键组成部分，在未来 10 年将呈现迅猛发展态势。生物制造的产品范畴与规模进一步扩大，为生物经济的蓬勃发展注入强劲动力。生物制造技术通过工程化改良宿主微生物、提升生产效率，已成功应用于若干产品，如工业酶、青蒿素、乳酸、1,3– 丙二醇、异戊二烯类化学品、醇基生物燃料等的高效发酵生产流程。得益于生物技术的快速发展，生产更多化学品的进程将持续加快，尤其是基于部分传统化学合成方法难以实现的高产率、高纯度的高值化学品的合成亦变为可行。展望未来，生产众多大宗化学品的传统技术亦有可能被成本更低廉、更环保的生物技术所取代。

一、找到存在的问题

《国家生物经济蓝图》提出，要进一步加快推动生物制造产业发展，还需要解决以下几个方面的问题。

一是菌种问题。微生物菌种是生物制造的核心要素，其在生产水平、生产强度以及生产效率等方面能否达到生产要求，是生物制造路线能否被成功打通的关键所在。因此，推动生物制造产业加速发展的核心，不仅仅在于培养微生物菌种，更为关键之处在于构建一套能够高效创制微生物菌种的先进方法。然而，目前的工具和方法与预期相比仍存在较大的差距，合成生物学中的“设计—构建—测试—学习”循环由于受到技术和工艺水平的制约，尚未得到广泛的应用。

二是原料问题。当前，生物制造的主要原料是源自玉米等粮食作物的淀粉糖。随着生产规模的持续扩张，以粮食为原料的生产模式将难以为继。为适应生物制造生产规模不断扩张的形势，开发非粮生物质原料将变得至关重要。其中，秸秆等纤维素生物质被公认是最具开发潜力的。然而，在生物制造领域，纤维素生物质的有效利用仍面临诸多挑战。此外，对合成气、甲烷、二氧化碳等第三代生物制造原料的开发也尚处于技术探索阶段。

三是生产问题。生物制造要实现对传统石化路线的替代，关键在于对其经济性进行考量与比较的结果。现阶段，在大宗化学品领域，生物制造产品尚难以与石化产品展开直接竞争，然而在高附加值产品以及传统石化路线难以合成的产品方面，生物制造产品具备一定的竞争优势。未来，若要进一步扩大生物制造规模，必须将降低成本作为关键问题予以解决。

《国家生物经济蓝图》认为，要进一步推动生物制造产业的持续发展，还需要妥善解决一系列与之相关的配套政策问题。在监管方面，需要依据技术发展的实际水平以及未来发展趋势，对现有的监管框架进行持续优化。要在切实保障行业安全与推动技术创新应用之间，达成动态平衡和良性互动，从而构建既科学合理又具备灵活性和适应性的监管体系。在科普方面，应当进一步加大针对生物制造的本质特征及其所产生的社会效益的宣传推广力度，通过多种渠道、多种形式的宣传活动，提高社会各界对于生物技术及其相关产品的认知水平，进而提高公众的接纳程度与支持力度。此外，政策的国际协调性对于生物工业的发展具有重要意义。通过加强政策协调，营造一个更加有利于生物工业发展的市场环境和监管环境，为生物工业的国际化发展提供有力支撑。在人才方面，生物制造行业对于复合型人才有较高需求。因此，要及时对学科教育体系和技能培训模式进行相应的调整和优化，以满足行业对高素质复合型人才的需求。

二、规划未来10年发展路线

为推动生物制造产业发展，2014年DOE和NSF委托NRC组织13名专家成立了委员会，专门围绕如何加速化学品的生物制造开展了讨论和研究，形成了《生物工业化路线图：加速化学品的先进制造》。该报告以生物制造为重点，精心规划并设计了涉及菌种开发、原料利用等多个维度的2015—2025年发展路线图。尽管该报告主要着眼于未来生物制造进行精心构思与设计，但其中涵盖的相关技术攻关等方面的诸多重点内容，在生物医药、生物农业等生物经济的其他相关领域，同样具备广泛的适用性。

（一）菌种构建

1.设计工具

开发并充分运用具备强健性的整合设计工具链，使其全面覆盖生物制造过程中的各个环节，包括单个细胞、细胞生物反应器及发酵反应器等多个层面，这是推动生物制造达到与传统化学制造相适配的水平的关键。积极投身于研发工作，针对内部及整合制造过程中的所有环节进行预测建模工具的研制，有力推进化学品生物制造领域新产品与新工艺的开发进程。2021—2025年该领域的规划如下。

4年内，致力于开发并成功示范应用一套整合设计工具链，专门用于设计单个生物体或更低层级生物体的生物制造过程。

7 年内，着力开发并示范应用一套针对单个生物反应器及其内部相关要素的生物制造过程整合设计工具链。

8 年内，全面开发并示范应用一套涵盖完整生物制造过程（即贯穿从概念形成到最终产品产出的全过程）的整合设计工具链。

2. 酶的创制

酶的快速设计、改良及其物理特性与催化性能等领域取得进展，能够极大程度地降低生物制造产品的生产成本，并推动其大规模生产。2021—2025 年该领域的规划如下。

7 年内，实现将长度为 1 兆碱基的合成 DNA 片段导入生物体基因组，且差错率低于 1/100000，预计成本降至 100 美元，完成该操作所需时长为 7 天。同时，掌握从头合成具有全新催化活性且转化率更高的酶的能力。

3. 底盘菌种构建

微生物底盘的快速构建及代谢途径的高效优化，高度依赖于基础研究不断取得突破以及使能技术的不断革新。完善用于生物制造的工程微生物及无细胞平台体系，对于丰富生物质原料与化学品的种类具有至关重要的意义。精心设计、创新创造以及悉心培育具备较强鲁棒性的菌株，使其能够适配多种原料并应用于各类产品生产，同时确保其在遗传层面的稳定性以及催化时间的稳定性，可有效降低生物制造的成本。2021—2025 年该领域的规划如下。

2 年内，除已构建的模式微生物（如大肠杆菌、酿酒酵母等）之外，实现对 5 种具有不同表型的微生物类型的驯化，具体要求包括具备大于 1% 的转化能力、掌握基因和基因组修饰工具等。

5 年内，实现对 10 种或更多与工业相关且驯化难度较大的微生物类型的驯化，并且要具备在3个月内驯化其他任意微生物类型的能力。

7年内，具备6周内驯化任何新的微生物类型的能力。构建一系列鲁棒性强、生产性能高的生物体（涵盖无细胞系统）。在不同工艺条件下，利用不同的原料高效率、高强度生产化学品，并且在生产过程中展现出良好的工业适应性。

4. 测试与测量

快速、常规化且可再生地测定代谢途径功能以及细胞生理学特性，能够有力推动全新酶与代谢途径的开发，进而拓展高效率、低成本生物基化学品的转化途径。测量技术成本的降低与通量的提升，与菌种基因工程技术的发展相适配。2021—2025年该领域的规划如下。

4年内，具备常规且可重复测量核酸、蛋白质和代谢物的能力：可在7天内对2000株菌株的50余项高优先级模型参数进行表征，对200株菌株的1000余项参数进行测量，测量成本不高于设计和构建这些菌株的总成本。

10年内，能够以同等成本和效率，常规且可重复地测量菌株的50余项高优先级模型参数。

（二）原料开发

有效增强原料的经济可行性和环境可持续性，对于推动生物制造产业的快速发展至关重要。提高生物质原料的可利用性、可靠性与可持续性，有助于拓展生物经济可用产品范畴，确保原料供应的稳定性和质量，从而突破化学品生物制造领域的诸多挑战。原料开发涉及以下几个重点领域：其一是低成本糖化工艺的专用工程植物，主要针对植物纤维素原料；其二是木质素副产品的高附加值开发；其三是低浓度糖液的高效利用；其四是借助生物学手段将复杂原料转化为绿色、可持续且实用的中间体；其五是含碳化合物（如甲烷及其衍生物、二氧化碳、甲酸盐等）的资源化利用；其六是非碳原料（如金属、硅等）的生物制造应用探索；其七是对单碳原料发酵过程的深入研究，包括宿主微生物优化和发酵工艺创新等方面。2021—2025 年该领域的规划如下。

4 年内，在生物发酵过程中广泛运用新型碳源，如源自纤维素的可发酵糖，同时确保每千克原料的总成本降低至 0.50 美元以下。

7 年内，在生物发酵过程中普遍采用新型碳源，如由纤维素和半纤维素衍生的可发酵糖，并将每千克原料的总成本降至 0.40 美元以下。

10 年内，在生物发酵过程中全面使用多种碳源，包括但不限于木质素、合成气、甲烷、甲醇、甲酸盐、一氧化碳，以及由纤维素和半纤维素衍生的可发酵糖等，同时致力于将每千克原料的总成本控制在 0.30 美元以下。

（三）发酵生产

目前，以好氧、流加培养、单一培养发酵为主导的化学品生物制造工艺已经比较成熟，且在培养高产力宿主微生物方面也取得了显著进展。然而，在通过优化质量与热传递实施连续产物回收，广泛推行共培养、共底物、多产物联产等方式提升发酵效率方面，创新突破相对较小。开发基于小规模实验模型的计算工具，且这些工具在特定规模下具有实际预测性能。这将有助于加速化学品生物制造方面的新产品与新工艺发展。2021—2025 年该领域的规划如下。

3 年内，形成经济可行的生物反应器操作流程，有效突破气态原料与产物传质及分离限制。

5 年内，研发出基于数据的建模工具以及可扩大生产规模的技术，确保生物制造产品的生产规模能够在 6 周内从 10 升可靠地扩大至 10000 升。

7年内，在连续发酵罐中或在分批发酵的生长期之后，以10克/（升·时）的效率实现生物合成产品的稳定生产，并确保其持续且可靠。

三、谋划部署针对性举措

在美国《国家生物经济蓝图》《生物工业化路线图：加速化学品的先进制造》政策框架下，美国生物制造领域的相关人士提出了以下针对性发展建议。

（一）加强技术研发

NSF、DOE、NIH、NIST、美国国防部（DOD）等相关部门应为生物制造各领域（包括原料、生物底盘、途径开发、发酵过程等）的科学研究和基础技术研发提供支持，并重点开展以下研究。

一是提升原料的经济可行性以及环境可持续性。

二是提升生物原料的可用性、可靠性与可持续性，夯实生物制造原料基础；突破化学品生物制造面临的诸多障碍，拓展具有成本竞争力的生物基产品范畴；积极发挥美国天然气资源丰富的优势，强化对单碳原料发酵的认知与理解。

三是通过多种手段，提升发酵过程的生产效率；持续推动并快速、有效地开展细胞和代谢途径领域的基础科学研究以及技术研发。

四是增加用于生物制造的工程微生物及无细胞平台的类型。

五是设计、构建并培育具备较强工业适应性的菌株，确保其在处理多种原料与产品时能够保持遗传稳定性和催化时间的稳定性。

六是提升快速开发兼具催化活性和特殊活性的酶的能力。

七是实现对代谢通量和细胞生理学特性的快速、常规化、可持续测量。

（二）优化政策保障

一是强化运行分析。在推动生物制造产业发展的进程中，强化关键核心技术攻关固然极为必要，但充分发挥产业发展所带来的巨大经济效益的牵引作用，亦尤为关键。因此，美国相关人士建议对生物制造产业规模予以科学的预测与全面的评估，从而精准剖析生物基产品在经济发展中所发挥的作用，为产业发展的利益相关者提供有力支持，助力其做出更为科学的决策。例如，政策制定者能够借此更加合理地做出预算及确定资助项目；行业从业者亦能够更为精准地判断生物制造产业的市场规模及发展趋势。美国政府应当定期对生物基产品的制造在美国经济发展中所做的贡献进行定量测度，并构建针对此种贡献进行预测和评估的方法。

二是加强人才培养。生物制造催生了新就业形态，有力推动了行业新技术的发展，同时促进了生物学、化学、工程学和计算机科学与技术等多个领域的知识更新换代。这种深刻的变化对教育和培训工作提出了全新的要求。因此，为技术人员、学科专家和生物设计师精心制订全面且平衡的培训计划至关重要，而这有赖于学术界和产业界的深度参与，必须不断加强双方的交流与互动，以确保学术界所掌握的专业技能切实应用于产业生产实践。生物制造企业应积极主动地与包括社区学院、高校等在内的各类学术机构建立合作关系。企业可将技术革新的实际需求以及实践经验反馈给学术界，为学科教学和人才培养提供重要参考依据。

三是完善监管框架。推动生物制造的发展，需要构建一个兼具创造经济价值与实现社会目标功能的监管框架。鉴于此，该监管框架应全面涵盖多种政策手段，覆盖从业人员的教育培训、行业标准的制定与认证、政府标准及条例的规范、公众参与机制的建立、侵权责任体系的构建以及安全标准与防控措施的制定等方面，以实现行业的自我约束。为赢得公众及行业内人士的广泛认可，监管框架务必要做到公正、透明、高效，并充分吸纳各方观点，彰显包容性。美国联邦政府各部门之间的有效协调以及对透明度、公众贡献和公众参与的坚定承诺，对于确保监管框架的可操作性和合法性也极为重要。此外，监管框架还应当具备良好的信息收集和处理能力，以便及时、准确地应对新技术及新产品带来的风险。相关建议如下。

首先，行政监管部门应当协调美国商务部（DOC）、EPA、FDA、NIST等相关部门，开展全面评估与定期检查工作。监管措施的实施范围，还应进一步扩大，涵盖产业界、学术界以及公众能够参与监管工作的其他领域。

其次，科研资助机构与制定科学政策的官员应当进一步完善现行管理办法，强化国际协调与合作，积极鼓励公众参与，为具备社会责任感的企业开展的创新活动提供有力支持。

最后，EPA、USDA、FDA以及NIST等部门应当设立相关项目，就生物制造的标准与风险评估方法展开研究，并将其运用于政府管理制度的评估与更新之中，以确保监管的有效性与适用性。

第二章　特朗普第一任期：细化工作安排

特朗普第一任期（2017 年 1 月—2021 年 1 月）内，美国广泛组织智库、咨询公司等研究机构对生物制造未来发展潜力及政策实施路径进行论证。2019 年 3 月，美国发布《生物经济计划：实施方案》，聚焦生物制造原料开发和利用，围绕原料种植管理、物流运输、转化技术研发等全链条环节，整合 USDA、DOE、美国交通部（DOT）等部门力量，构建跨部门协同框架，以加速生物质原料利用方法创新和可持续技术发展。2019 年 10 月，特朗普政府[①]举办了美国生物经济峰会，召集生物经济学家共同研讨生物经济未来发展机遇，进一步强调利用生物技术帮助美国发展未来产业的重要意义，并重点分析维持其生物经济全球领先地位面临的挑战。2020 年 1 月，美国发布《护航生物经济》，指出要加快推进与经济贡献相关数据的收集工作，明确美国生物经济范围、评估当前发展现状，以制定相关政策、建立相关机制，确保美国在生物经济领域的全球领先地位。

第一节　明确部门协作实施框架

针对生物制造面临的菌种开发、原料利用以及生产转化等方面的诸多

① 本书提及的“特朗普政府”均指特朗普第一任期（2017年1月—2021年1月）的政府。

问题，《生物工业化路线图：加速化学品的先进制造》进行了前瞻部署和目标设定。其中原料利用方面涉及基因改良、生产管理、物流运输、转化技术研发等全链条环节，面临的挑战较多，需要加强跨部门协作和配合以形成合力。

一、原料利用环节存在的问题

（一）原料基因育种效率低

一是作物的抗降解性高。传统木质纤维素类能源作物的细胞壁中木质素含量较高，生物质在转化为燃料或化学品时通常需要经过高成本的预处理（如高温、高压或化学处理等）。木质素结构复杂，基因编辑技术可降低其抗降解性以提升转化效率。现有基因改良技术虽可降低木质素的抗降解性，但田间验证不充分，商业化应用受限。

二是油料作物性能有待提升。藻类和大豆等油料作物的油脂产量和品质无法满足生物燃料生产需求。藻类规模化培养面临稳定性差、能耗高（如淡水资源消耗多）等问题，导致单位燃料生产成本较石油基燃料高，且缺少高油酸品种。

三是基因技术应用受限。虽然基因编辑技术能提升作物的抗逆性（如耐旱、耐盐碱等），但是公众对转基因生物（GMO）的接受度较低。EPA对转基因藻类的户外试验审批流程也较为复杂。此外，美国缺乏适应不同气候条件的区域性品种，例如，美国南方湿热地区与北方干旱地区均缺少适应性品种，提高芒草等多年生作物在边际土地上的适应性问题尚未得到完全解决。

（二）原料生产和物流效率低

一是运输成本高昂。由于不同生物质类型（如树木、草本作物等）存在固有差异，运输不同生物质原料需要特定的物流系统。然而，生物质原料及其相关物流系统也因气候、土壤、地形、文化环境、运输距离和市场等因素的差别而大不相同。由于生物质能产业链中产品、技术、设备和系统存在一定的复杂性，行业发展面临诸多共性挑战。生物质原料（如农业残渣、林业废弃物等）因体积庞大且能量密度低，单位运输成本居高不下。例如，处理松散堆积的林业废弃物时需要多次往返运输，而美国相关地区普遍缺乏铁路、水路等高效的运输基础设施，导致运输效率难以提升。此外，原料分布分散，如农业残渣常需要跨区域收集，进一步增加了物流成本。

二是设备不足与预处理效率较低。与美国大多数农场的生物质原料物流环节（如收获、储存、运输等）普遍面临设备短缺的情况类似，生物质原料生产环节的基础设施也有限。目前，美国农民已在传统农作物的种植管理上投入大量资金，相关设备（包括播种机、喷雾器和耕作机械等）总价值数额巨大。若将部分农田用于生物质原料生产，则需要额外购置专用设备（如生物质作物收割机、打捆机等），或对现有设备进行针对性改造，以适应新的生产需求。同时，现有收割设备难以适应原料的多样化特性（如纤维含量差异），导致田间收割效率低下。预处理技术（如干燥、粉碎等）效率较低，高湿度原料在储存过程中易腐败。

三是供应链未能实现标准化。美国不同地区生物质原料质量差异显著，如南方湿热地区生物质原料含水量高、北方干旱地区生物质原料纤维含量低，缺乏统一的水分控制、污染物控制标准，导致下游转化工艺稳定性不足。

（三）原料转化与利用效率低

一是木质纤维素面临转化瓶颈。木质纤维素转化技术（如热化学气化与生物催化酶解等）存在效率低、中间产物杂质多的问题。例如，木质纤维素含量高的原料，需要经过高成本预处理（如高温、化学处理等），且转化过程中会产生大量焦油和难降解副产物，需要进行多次纯化，导致商业化成本居高不下。此外，木质纤维素酶催化效率不足、酶解时间长，导致转化效率较低。

二是藻类生物燃料生产成本高。藻类规模化培养系统能耗高，淡水需求量大，且二氧化碳供应成本占比高。海洋藻类虽可利用海水养殖，但耐盐品种稀缺，自动化养殖技术尚不成熟；作为生物质资源的藻类种类和生长条件差异大，成本低廉的分离技术尚未突破，导致单位燃料缺乏成本竞争力。

三是生物基产品市场渗透性不足。生物基化学品（如丁二酸）因生产成本高而缺乏价格竞争力。生物基产品的市场认证体系不完善，消费者对其认知度低；再加上生物基产品缺乏统一可持续性标签（如碳足迹认证），导致企业难以通过差异化营销打开市场。

（四）可持续性量化不足

一是缺乏环境影响量化评估。大规模能源作物种植对土壤碳储量、水资源消耗量及生物多样性产生的影响的量化评估缺乏长期监测数据支持。例如，藻类规模化养殖可能加剧美国局部地区的水资源竞争，然而目前应用区域水耗模型进行分析依然主要依赖短期实验数据。此外，边际土地开发对生物多样性的潜在影响（如栖息地碎片化）缺乏系统性评估，相关部门难以科学制定可持续性认证标准。

二是经济模型脱离实际。应用技术经济剖析法（TEA）多依赖实验室数据，未充分考虑规模化生产中的变量（如原料供应波动、设备维护成本变化等），导致成本预测存在偏差。此外，区域资源（如物流资源、人力资源等）成本差异缺乏动态调整机制，也会影响投资决策的准确性。

二、原料利用全产业链优化措施

《生物工业化路线图：加速化学品的先进制造》中指出，要解决原料利用过程中面临的上述问题，需要多个环节和多个政府部门协作。为此，美国成立生物质研究与开发理事会（BR&D），并于 2019 年 3 月发布《生物经济计划：实施框架》，整合 USDA、DOE、DOD、DOT 等八大部门资源，构建跨部门协同框架，围绕原料开发与供应链优化展开联合行动，以加速生物质资源利用方式创新和可持续技术发展。

（一）在原料育种与种植环节的跨部门协同

一是进行基因改良与育种创新。美国联邦政府多个部门通过跨部门协作推动开展生物能源作物的遗传学与基因组学研究。美国能源部科学办公室、美国能源部高级能源研究计划署（ARPA–E）及美国能源部生物能源技术办公室（BETO）专注于基础研究，美国国家实验室与研究中心探究生物质产量、抗降解性、逆境耐受性等关键性状的分子机制，并开发先进育种技术。例如，DOE 生物能源研究中心利用“Zip–lignins™”技术改良木质素结构，提升生物质转化效率。NSF 生物科学部与工程科学部支持开展跨学科研究，推动代谢组学与表型组学工具的应用。USDA 下属的美国国家粮食和农业研究所（NIFA）、美国农业研究服务局（ARS）及美国林务局（USFS）等部门，运用基因工程与田间试验相结合的方法评估作物适应性，并与 DOE 合作开展“植物原料基因组学生物能源”项目，推动橡胶草等非食用作物的种植和产业化发展。DOD 利用 DARPA 和美国空军研究办公室的渠道资助藻类基因组编辑技术研究项目。NOAA 在美国国家实验室开展大型藻类研发和苗圃设施建设，以培育关键海藻品种；鼓励开发高效的海洋养殖栽培和收获设备，并优化其产业化流程。

二是加强公众教育与政策支持。USDA 的“生物优先计划”通过推动生物基产品认证，提升市场接受度。USDA 与 FDA 联合发起农业生物技术科普行动，发布教育材料，介绍农业生物技术对生态环境、营养健康、食品安全、生产效益及社会伦理等方面的多维影响，并开展公众教育与消费者引导工作。ARS 发布的“生物技术监管评估拨款计划”为转基因动物、植物和微生物的环境生态风险评估与管理策略研究提供资金支持。EPA 制定了依据《有毒物质控制法》进行实验申请的指导方针，并与 DOE 和藻类研发机构密切合作。NOAA 将与美国陆军工程兵团合作，制定并完善海藻养殖的监管流程，简化大型藻类养殖的许可流程。此外，BR&D 成员机构还将通过倡导实施 STEM 教育计划以及加强藻类学教育和颁发奖学金等措施，支持藻类行业的未来发展；开展公众科普活动，提升社会各界对大型藻类和转基因藻类的认知。

（二）在原料生产与储运环节的跨部门协同

一是设备研发与标准化。ARPA-E 通过 TERRA 项目开发表型分析工具，优化收割设备设计；ARS、USFS 和 NIFA 在生物质生产研发和最佳管理方法实施方面发挥领导作用，起草原料预处理协议，统一操作规范。

二是物流系统优化。美国联邦航空管理局（FAA）资助的替代性航空燃料和环境优化中心[①] 可提供供应链分析数据。DOT 和 DOE 合作来破解生物燃料管道运输技术瓶颈。这两个部门通过组建生物质原料物流跨机构工作组，深入分析卡车运输对高速公路和农村道路基础设施的影响，并对使用公路运输、水路运输和铁路运输三种运输方式运输生物质原料的成

① 英文全称为 The Center of Excellence for Alternative Jet Fuels and Environment，没有权威公认的中文译法，“替代性航空燃料和环境优化中心”这个中文名称相对准确。

本、效益及环境风险进行系统评估。DOE 与 DOT 合作评估多式联运的经济性，减少单一运输方式的损耗。

三是数据共享与建模。建立跨部门数据库（如 DOE 的生物能源知识发现框架），整合 USDA 的农业统计数据、NOAA 的遥感数据，开发全国原料分布与物流成本模型，为制订供应链规划提供指导。DOE 联合 USDA、EPA 等部门整合现有数据库，统一纳入相关物流数据，构建美国生物质原料运输网络。

（三）在原料转化与利用环节的跨部门协同

一是技术突破与工艺优化。ARPA-E 的海藻类自动化养殖项目通过研发海洋藻类自动化养殖技术提高藻类产量；NSF 资助基础科学和工程学研究，增强美国公众对生物质转化技术中催化剂、反应网络和转化反应器的理解。此外，DOT、FAA、DOE、USDA 和 DOD 为可持续航空燃料的研究、开发、评估和部署工作提供资金支持。各部门分工明确，共同推动替代性航空燃料的研发与应用推广，并着力突破生物质原料获取、转化工艺优化以及燃料测试认证等关键环节的技术瓶颈。持续的跨部门协调可以促进生物经济的可持续发展。

二是基础设施与标准联动。DOE 与 EPA 合作制定生物中间体（如生物油）的管道运输标准，推动其与现有炼油设施整合；ARS 专注于开发技术和方法，以扩大对来自美国各地区农业生物质原料的需求，并致力于通过开发高附加值生物基产品提升生物加工水平，从而提高生物加工企业的经济效益。DOE、USDA 与 DOT 建立了合作关系，为燃料和润滑油规格标准制定提供科学支持，同时与美国材料与试验协会等标准制定组织协同推进可再生燃料标准的合规认证，并联合 FDA 共同制定人体暴露限值与消费品安全规格标准。

（四）在经济性分析与可持续性评估环节的跨部门协同

一是成立跨机构工作组。BR&D 自 2014 年起先后设立两个专项工作组：跨机构分析工作组和可持续生物经济跨机构工作组。前者着力协调美国联邦政府各部门在生物燃料、生物制品及生物电力领域的分析活动，后者重点推进有关生物经济发展带来的影响的科学研究。跨机构分析工作组汇集来自美国联邦政府的研究人员，整合美国联邦政府各部门的专家资源，建立覆盖生物制造全产业链的技术支撑体系。跨机构分析工作组的核心成员由来自 DOE 实验室与研究中心、USDA 科研院所及试验站、EPA 区域办公室、NSF 资助项目团队以及 FAA 等部门的专业人员构成。这些成员在生物经济领域的技术、环境及经济维度建模分析方面具有互补性和专业优势。研究工作基于多个数据库和模型开展。其中，数据库包括生物能源知识发现框架、生物能源地图集、综合微生物基因组、森林资源清查与分析数据、美国地质调查数据、美国国家水信息系统、垃圾填埋场甲烷减排计划等众多公开可获取和可访问的数据源；与生物经济相关的模型或工具包括集成农场系统模型、作物盈利能力计算器、受管制排放和能源使用模型（GREET）、生物质情景模型、政策分析系统（POLYSYS）、森林和农业部门优化模型（FASOM）、货物和燃料运输优化工具等。可持续生物经济跨机构工作组通过加快推进对生物经济规模化发展带来的潜在影响和效益的科学研究，为美国联邦政府各相关部门和利益相关者提升经济、社会及环境综合效益提供科学的决策依据。由 USDA 海外农业服务局（FAS）等部门推动建立生物经济产品标准体系，促进技术成果转化与市场准入。此外，NSF 持续资助生物炼制过程的可持续性研究，EPA 同步完善与生物经济发展相适应的生态环境监管机制。

二是开展多维度评估。改进分析工具和模型，以全面整合供应链的功能。持续优化生命周期分析模型，将直接土地利用变化和间接土地利用变化对环境的影响纳入评估范畴。将美国国内经济和贸易模型与全球模型联系起来，改进并扩展有关模型，以估算生物经济在本地、区域和国家层面对就业促进和经济发展的影响。BR&D 与 EPA、DOE、USDA 等部门以及美国其他国内组织和国际组织开展合作，编制关键指标目录。

三是设计具有可持续性和可操作性的框架和工具。BR&D 成员机构将合作提供框架和工具，供各机构、行业和其他外部利益相关者使用。创建衡量多维影响和效益的可持续性框架，用于选择最具潜力的可持续性路径。维护生物燃料、生物产品和生物电力技术数据库和工具集，为现场作业、地方及区域层面的规划评估工作提供支持。

第二节　确定产业范围及测量方法

《生物工业化路线图：加速化学品的先进制造》聚焦关键核心技术，规划了 10 年的任务攻关路线图；提出美国政府应当定期定量测度生物基产品制造对美国经济的贡献，并研发对这种贡献进行预测和评估的方法，发挥生物基产品制造对经济发展的带动作用。该文件认为，全面且深入地评估生物经济对于美国整体经济的贡献，有助于提升美国民众对生物经济重要性以及监测和发展生物经济必要性的认知水平。全面评估生物经济的投入与产出情况，对于深入分析基础研究领域投资与生产率之间的关联具有重要意义，有助于更有效地追踪公共投资的具体效果。加强对产业规模的测量和评估，还能够为明晰生物经济领域的发展方向以及合理设定潜在的增长目标提供行之有效的方法。因此，该文件指出，更为完备的生物经济增长指标能够作为一个衡量该领域健康状况的关键指标，为评估政策变动对生物经济（或其具体子行业）的影响提供坚实支撑，并从安全维度协助确定值得被重点保护的特定领域。

然而，由于对生物经济的定义并未达成共识，美国相关人员很难对其规模进行准确的评估和测量。

一是涵盖范围不清晰。2012 年 4 月美国发布的《国家生物经济蓝图》中给出的生物经济定义，存在一定的笼统性与宽泛性，致使美国评估生物经济价值的方法呈现出多样性。加之生物经济领域的数据缺失问题也颇为严重，更加大了对生物经济的价值进行测量的难度。美国部分研究人员曾尝试对生产者剩余与消费者剩余进行量化分析，但对生物经济领域而言，这种分析方法颇具局限性。

二是数据剥离难度大。从理论上讲，生物经济的规模应为该领域内所有企业主营业务收入和附加价值的总和。然而，实际操作却面临诸多困难。主要原因在于，许多企业采取多元化经营策略，业务范围涵盖多个不同的领域，很难将其业务中与生物经济相关的部分单独剥离出来。

三是现有统计基础差。现阶段用于衡量生物经济活动的数据收集机制，尚不足以对生物经济进行全面且有效的监测。

为确定美国生物经济的范围，评估其价值，识别其潜在的经济和国家安全风险及相关的政策缺口，并提出促进发展与保证安全并重的政策措施，2018 年受美国国家情报总监办公室（ODNI）委托，美国国家科学院（NAS）、美国国家工程院（NAE）和美国国家医学院（NAM）召集成立“护航生物经济：在保持创新和增长的同时寻求达成理解、评估和保护生物经济的战略”委员会（以下简称“护航生物经济委员会”）开展咨询研究，并于 2020 年 1 月正式发布《护航生物经济》报告。

一、定义并测量美国生物经济

（一）重新定义生物经济

2012 年，美国发布《国家生物经济蓝图》，首次对生物经济提出定义，但内容比较笼统、宽泛，对哪些经济活动属于生物经济范畴存在不同的解释。同时，随着生物技术和生物经济的快速发展，当时的定义与如今的产业发展情况并不适配。因此，护航生物经济委员会认为需要给出一个新的、全面的生物经济定义，以帮助美国政府更好地评估生物经济的发展现状，并制定支持和促进其可持续发展的战略。明确的定义还可以指导相关指标的数据收集工作，以把握生物经济增长态势，开展经济评估，并使政策制定者能够应对生物经济发展可能带来的国家安全或经济安全新挑战。

为此，护航生物经济委员会建议美国政府采用以下定义，以界定美国生物经济的范围并为评估生物经济规模建立统一的框架：美国生物经济是由生命科学和生物技术的研究与创新驱动，并通过工程、计算与信息科学的技术进步实现的经济活动。为保证灵活性和拓展性，方便未来根据发展情况纳入新的内容，该定义并没有将生物经济范围限制在特定领域、技术或生产过程中。例如，定义中重点提到“生命科学和生物技术的研究与创新”，旨在为生命科学和生物技术的新研究进展及新应用带来的产品和服务预留空间。同时，该定义还参考了其他学科对生命科学和生物技术的影响，将不同学科和领域与生命科学进行融合。

根据上述定义，护航生物经济委员会认为生物经济具体包括以下几个方面。

一是生物医药，包括因生命科学领域的研发或创新而产生的所有医药产品和服务，如药品、医疗器械和设备、类器官等。

二是生物农业，包括在创建品系或种子时使用了基因工程技术；在标记育种计划中使用了先进的分子生物学技术；在育种应用或增强土地利用能力过程中使用了计算技术和大型信息数据库中的数据；在利用DNA重组技术进行生产时，下游生物加工和发酵过程中使用了植物生物质（如转基因作物）。

三是生物制造，包括通过利用DNA重组技术的生物合成或半生物合成途径生产的所有产品，如生物基化学品、生物燃料、生物基塑料等。

四是工具、工具包和服务，包括支持或促进生物技术创新、推动生命科学研究的所有工具、工具包和服务，如与生命科学或生物技术有关的软件和数据库、生物经济专用设备或仪器（如移液机器人、质谱仪、DNA测序仪和合成仪等）、生物科学专利律师提供的服务等。

尽管明确了生物经济的定义和范围，但要评估美国生物经济的规模，还需要与经济分类系统进行匹配以获取相关统计数据。根据北美产业分类体系（NAICS）和北美产品分类体系（NAPCS）现有统计类别，近似地将以下6类行业视为美国生物经济的代表：基因工程作物、产品；生物基材料（如生物基化学品、生物基塑料、生物燃料、农业原料等）；生物药物、生物制剂和其他药品；生物技术消费品（如基因检测服务）；与生物技术研发相关的商业服务（如测序服务）；生物数据驱动的患者医疗保健方案设计（如精准医疗投入）。

（二）制定生物经济测量方法

在前期工作的基础上，护航生物经济委员会专门设计了一套用于分析生物经济估值的框架。第一步，明确生物经济定义，确定主要领域范围和相关子集，包括与生物经济相关的产品、设备和服务，以及为生物经济发展提供支持的无形资产（如基因组数据库）。第二步，确定与划定的生物经济领域范围相对应的生产数据。一是基于 NAICS 列出相关产品代码以确定数据。二是根据美国国民经济核算体系使用的方法和数据，估算生物经济活动的规模或附加价值。三是确定适当的行业间联系和供应来源，并根据这些联系估算投入—产出乘数，估算的附加价值之和是生物经济对美国经济的直接贡献，投入—产出乘数所隐含的额外附加价值表明了生物经济对美国经济发展的总贡献。

为进一步做好相关测量和评估工作，护航生物经济委员会建议 DOC 和 NRC 加快推进与美国生物经济贡献相关的数据收集工作。

一是 DOC 和其他参与收集美国生物经济数据的相关机构应扩大数据的收集和分析范围，从科学机构的合作伙伴和生物经济的非政府利益相关者那里获得相关信息，用以指导工作。

二是修订现有的 NAICS 和 NAPCS 代码，以更准确地反映和追踪与生物科学相关的商业活动和投资，并评估生物经济主要领域范围和相关子集（如化学品和材料的生物生产）的发展情况。DOC 下属的技术评价办公室应开展研究，旨在对生物基产品和相关服务在美国经济中的渗透情况进行更准确、全面的描述，加速 NAICS 和 NAPCS 代码的修订。此外，美国人口普查局应定期收集生物经济活动的全面统计数据。

三是美国商务部经济分析局（BEA）应领导创建与美国国民经济核算体系相关联的生物经济卫星账户。卫星账户应包括作为资产的生物信息数据库。随着时间的推移，卫星账户的范围应扩大到生物经济所带来的环境和健康惠益等领域。

四是 NRC 应联合 NSF 为编制《科学与工程指标》报告进行新的数据收集工作，并对生物经济创新情况进行分析，以便更好地描述和反映生物经济发展现状，确定能够反映美国生物经济领先水平和竞争力的指标。

二、《护航生物经济》战略部署

根据护航生物经济委员会给出的定义以及测量方法，《护航生物经济》针对美国生物经济展开了系统性的评估，并得出相应结论。护航生物经济委员会提出，美国生物经济当前面临着一系列风险。其一，存在有可能影响生物经济可持续发展，或者对美国当前运行的创新生态系统产生不良影响的风险；其二，存在针对知识产权或者关键生物经济信息的盗窃行为、腐败现象、信息获取方面的不对称状况或获取限制等，上述情形均可能对美国生物经济造成损害；其三，因滥用生物经济产出而引发的各类风险。

针对上述风险，美国制定了一套全面且具有针对性的战略方案，既能够有效应对美国生物经济发展所面临的风险，又可保证美国生物经济的发展能够获得充分的支持，进而实现发展目标。

（一）成立协调机构并制定战略性文件

一是成立协调机构。由美国总统执行办公室着手建立美国联邦政府层面的战略协调机构，负责充分挖掘美国生物经济的潜在价值。战略协调机构应由美国白宫高层领导亲自主持工作，团队成员应涵盖来自科学、经济、监管以及安全等多个领域的专业人士，以确保其工作的有效性与权威性。此外，战略协调机构需要积极组织开展相关的研究和预测工作，并广泛倾听各类外部利益相关者的意见与建议，为决策提供充分依据。

二是制定战略性文件。战略协调机构应当精心制定并定期更新以推动美国生物经济可持续发展为根本目标的战略性文件。除了要求各相关部门按照正式流程开展全面的水平扫描以获取信息外，还需要充分考虑产业界、学术界等领域的宝贵意见和建议，以确保信息获取渠道的多元化。

三是明确美国在促进生物经济发展方面所采取的各类有效手段，并通过多种方式提升社会各界对该战略举措的认知度与重视程度，其中包括美国政府在采购生物基产品等方面业已成熟且行之有效的手段与措施。

（二）打造具备专业技能的人才队伍

一是加强本土人才培养。美国联邦政府进一步加大对 STEM 教育的支持力度。大力支持与生物经济基础研究领域紧密相关的各类项目建设，使其成为未来公共投资计划中的高度优先事项，以保障美国生物经济研究能够后继有人、持续创新。同时，积极推动社区学院与企业建立深度合作关系，致力于为因产业结构调整而面临传统就业机会变化的人才提供更多优质就业岗位。

二是加强国际人才引进。美国联邦政府持续强化各项政策措施，以吸引全球优秀科研人才为美国生物经济发展贡献力量。开放包容的学术交流环境，长期以来是美国科技发展的强大助推剂。在制定相关政策措施时，美国相关人士建议，由美国安全、科研和任务执行等多个领域的专业机构展开深度协作，并与一批在学术界德高望重且国际知名度高的专家学者保持密切的沟通与交流。

（三）建立数据共享和安全保障机制

为释放生物信息数据的核心价值并将其高效应用于科研等众多领域，美国相关专家提出如下建议。美国科学基金机构应加强对相关数据库的现代化升级、规范化管理，并加大在保证数据完整性方面的投入力度。生物经济领域的利益相关者应竭力加入一个或多个“信息共享和分析中心”或“信息共享和分析组织”，认真考虑为生物经济领域的参与者打造一个全新的、基于行业需求的信息共享平台。生物经济领域的利益相关者应积极落实相关措施，切实保障信息系统（包括存储信息、知识产权、私人专有信息以及公共和私营数据库等各类信息系统）免遭入侵、数据泄露或恶意操纵。美国网络安全与基础设施安全局（CISA）应当牵头组织生物经济领域的利益相关者召开会议，以增强各方对于网络威胁和信息共享模式的认识。会议应深入研讨是否有必要建立动态活跃的存储库，专门用于托管和维护与生物经济相关的开源软件、算法组件以及数据集。

（四）加强国际合作和互惠共治

未来，生物经济领域面临的各种挑战具有全球性特征，需要各国深入开展合作，制定全面、协调一致的应对策略。美国相关专业人士建议，美国联邦政府应积极借助国际组织及双边与多边互动渠道，与其他国家携手合作，大力推进交流与协作。通过营造公平竞争的市场环境和良好的生物经济发展生态，构建并完善科学合理、行之有效的生物经济治理机制，有力推动全球生物经济增长。

第三章　拜登任期：颁布行政命令

拜登政府时期（2021 年 1 月—2025 年 1 月），美国社会各界就发展生物制造达成共识，联邦政府通过发布总统行政命令等方式，制定具体政策举措以促进相关产业发展。美国施密特未来基金会等智库于 2022 年发布了《美国生物经济：为灵活和竞争性的未来规划路线》（以下简称《未来规划路线》）等咨询报告，呼吁美国加快出台相关政策促进生物制造发展，提高美国供应链弹性，以进一步巩固美国在生物科技及相关产业方面的领先地位。2022 年 9 月，时任美国总统拜登签署《关于推进生物技术和生物制造创新以实现可持续、安全和有保障的美国生物经济的行政命令》（以下简称《生物制造行政命令》），聚焦在美国境内构建充满活力的生物制造产业体系，从加强生物基产品的市场应用、加大研发创新投入力度、打造生物制造数据共享平台、加强国际合作等方面出台相关措施，并投入 20 多亿美元扶持资金，优化生物制造领域布局，促进美国生物技术和生物制造创新发展。

第一节　预热出台政策文件

经过长时间的研究和论证，美国社会各界对生物制造的重要性已形成统一认识。一是生物制造是先进生产方式，对于促进可持续发展、提高供应链弹性等具有重要作用。二是美国在技术创新方面具有竞争力，但受限于基础设施建设、人才培养等方面的不足，未来有可能会失去在生物制造领域的优势。为促进美国生物制造产业加快发展，提高供应链弹性，进一步巩固美国在生物科技以及产业方面的领先优势，《未来规划路线》等报告纷纷出台，呼吁美国加快立法或出台产业政策，以促进生物制造发展。

一、制定生物经济战略

为确保美国生物经济在全球范围内具备竞争优势，美国相关部门和专家建议，开展跨部门合作，定期拟定并持续更新美国国家生物经济战略，须指定专门的牵头部门以推动生物经济战略部署落地见效，增强对生物经济发展趋势的预测和判断能力，加大财政扶持力度，并建立完善的监管框架。具体措施包括以下几个方面。

一是指定 DOC 作为实施生物经济战略的牵头部门，在 DOC 下属的部长办公室内设立美国国家协调办公室，为其提供充足的预算及必要的授权。美国国家协调办公室负责加强部门间的协同合作，确保美国生物经济战略的顺利实施。

二是构建积极主动的征求意见机制，以便美国联邦政府与产业界、学术界及其他利益相关者进行有效沟通与交流。广泛吸纳生物技术、经济、安全和监管等领域的专业意见，推动关键新兴技术及基础技术的发展，提升美国生物经济的国际竞争力。

三是授权资助科技研究的机构以协调的方式确定研究重点，尤其是在生物经济的关键领域建立协同的跨部门合作伙伴关系。例如，由美国联邦政府资助的基础原料研究，应充分发挥 USDA、DOE、NSF 等多个部门的协作作用。

四是加强美国联邦政府与州政府之间的沟通与合作，充分发挥各州政府的作用。根据实际情况制定并实施相应的地方性措施，以保障美国生物经济战略的有效落实。

二、加强基础科学研究

为确保在生物科学和规模化制造领域占据优势地位，美国相关部门和专家建议，美国政府应发布并资助一项为期 5 年、价值超过 11 亿美元的“生物制造科学与工程计划”，以增加对相关科技资助机构的预算和拨款，推动基础科学技术发展，进而促进生物制造发展，并消除创新成果工业化过程中面临的技术障碍。具体措施包括以下几个方面。

一是开展有效成果规模化研究。支持政产学研协同开展战略性生物制造研究，经过数据收集、预测建模、模型测试、升级迭代等步骤，实现从实验室规模生产到工业化规模生产的快速过渡。将具有独特工艺优势的传统宿主生物和新宿主生物作为重点研究对象，研究内容包括基因和酶途径、全细胞以及细胞群落建模、基础开源工具和算法、微流控技术、遗传和表征工具、新型生物材料等。

二是加强循环生物经济研究。鼓励政产学研协同分析研究需求，以促进生物技术应用，发展“零浪费”的循环生物经济。具体内容包括建立生物质和废弃物来源清单并对生物质和废弃物进行解构、升级和转换，研发除氮和磷等关键元素外的环境污染物（如重金属和塑料等）的隔离和回收技术，在分子水平上进行生态系统监测等。

三是推动监管科学研究。通过开展相关研究为监管决策提供信息，优先为探寻生物技术试剂和产品在环境中释放和传播危害物质的应对方案、开展产品全生命周期迭代风险评估等试点项目提供资金支持。

三、推进基础设施建设

基础设施建设投入不足，导致美国本土生物技术创新企业特别是初创企业不得不依赖海外的实验平台和生物制造生产设施，即通过出口知识产权以完成产品制造。为提高供应链弹性和创造制造业就业机会，美国相关部门和专家建议，美国政府应在 2 年内投资 12 亿美元，建设可利用多元化原料、通过多元化生产机制生产多种产品的基础设施，以提升生物制造生产能力。具体措施包括以下几个方面。

一是 DOC 应对现有的设施及其功能开展全面评估，并对平台网络进行区域化战略性布局。在此基础上，美国国会应拨款 12 亿美元，并授权 DOC 构建一张涵盖 12 ~ 15 座新建和翻新的生物制造生产设施的网络。

二是建立基础设施领域的公私伙伴关系，通过财政激励引导生物制造企业有条件地共享专业知识和设施，鼓励在建模、模拟和人工智能等领域具有扎实专业知识的企业与拥有生物制造生产设施和大量数据的企业建立合作关系。

三是支持建设新兴的生物制造软硬件设施，包括新型生物反应器、新型传感器、下游处理单元、新颖安全的软件控制系统等。

四是建设数字化基础设施，建立数据共享标准和激励机制，整合非营利性技术转让组织和数据交换标准制定组织以及能够获取、管理并提供详细的竞争前流程数据的非营利性企业的资源，促进政府、行业和学术界之间的数据共享。

四、加快创新成果转化

为避免在新一轮生物经济竞争中可能面临的制造业产能、就业机会和经济效益损失，美国相关部门和专家建议，加快推动创新成果产业化，构建美国本土生物制造产业链供应链，促进美国先进制造业发展。具体措施包括以下几个方面。

一是推进 NSF 开展的 I-Corps™ 项目，以加速创新成果产业化。

二是搭建公共信息平台，包括公开知识库（内含生物制造相关信息）和数据监管教育内容（内含政府对生物制造产品进行监管审批的基本原则、步骤和流程等内容），为新兴企业和小型企业探寻产品开发路径提供指导。

三是推进美国联邦政府与风险投资机构合作的试点项目，以支持具有发展潜力的新兴生物技术企业快速发展。

四是建立和完善科技型小微企业与可实现规模化生产的企业之间的合作机制，加快构建制造业全产业链发展生态。

五是提供财政支持，帮助企业提升生物制造能力，鼓励高新技术企业与生产企业建立合作关系，加快技术产业化进程。

五、强化人才队伍建设

美国相关部门和专家建议，美国联邦政府和州政府应提供激励措施，促使产业界与教育机构联合开设生物制造科学课程并制订认证计划，为人才提供参加职业技能培训的机会。具体措施包括以下几个方面。

一是立足行业需求培养人才，评估美国生物经济领域人才短缺情况，实施“生物制造技术人员国家注册执业资格培训计划”，加强公私合作，为企业开展相关职业教育培训提供信息支持。

二是重新制定与生物工程学等专业相关的教育计划，设计本科课程并缩短学制以缩短生物工程学人才培养周期。开设生物制造相关新专业，系统开展生物制造的理论和工程研究（如生物制造流程开发、设施设计等）。

三是创建新的跨学科培训项目，将计算机科学、土木工程、自然资源、经济学、政治学、环境科学等学科与生物制造相结合。

四是通过加强国际教育吸引人才，简化具有生物制造专业知识移民的签证审批程序，加强对在美国接受相关培训的移民的重视程度。

五是开展推介活动，提高不同受教育水平人才在生物经济领域的就业率，为生物经济相关领域的研究生提供教育补贴，利用多媒体手段提高公众对生物经济、生物制造产品及其潜在社会效益的认识，为基础教育阶段学生提供了解生物技术和生物工程设计理论的途径。

六、完善监督管理体系

美国相关部门和专家建议，建立健全监管体系，由 EPA、USDA、FDA、NOAA、美国职业安全与健康管理局（OSHA）、美国鱼类和野生动物管理局（USFWS）等多部门协同参与构建监管体系，为监管制度的更新优化提供监管信息支持，确保生物制造产品的安全性，增强消费者信任。具体措施包括以下几个方面。

一是美国国会应持续拨款，设立单一的监管门户，以便寻求监管授权的产品开发者能够了解法律规定的正确监管路径，并被引导至适当的监管部门。

二是对生物制造产品具有监管权的部门应当探索更完善的风险评估机制，将可能不需要经过正式批准或授权的产品合法推向市场，同时持续维护人类、动物和环境的健康。

三是美国联邦政府应组建美国国家生物技术监管流程委员会，商讨各项方案，以构建更即时、透明且高效的监管体系。此外，该委员会必须探讨如何增强公众对监管流程的信任，并兼顾流程和决策的透明度与商业化前期阶段商业信息的保密性。

七、建立数据共享机制

美国相关部门和专家建议，定期收集生物经济相关数据，加强对生物经济发展现状和未来发展趋势的研判分析，如评估生物制造产品、相关技术在美国的渗透率以及关键技术离岸外包可行性等。具体措施包括以下几个方面。

一是为推动数据共享，NIH、DOE以及其他负责维护重要生物信息数据库的部门应当获得专项拨款，用于数据库的现代化建设以及相关实物样本的妥善储存。

二是NIST应当积极提供相关资源，以促进生物制造标准的制定和推广。大力研发全新技术，实现数据交换标准化，进而有效连接各软件系统，并精心拟定安全协议，以积极推动相关部门深度参与人工智能项目合作。

三是DOC应当全力支持建设开放的数据基础设施，包括涉及人工智能与生物制造的跨领域合作性基础设施，从而有力促进工艺研发创新，最终实现生物经济的快速发展。

第二节　正式颁布行政命令

2022年9月，为构建充满活力的生物制造产业体系，拜登签署了《生物制造行政命令》。

一、《生物制造行政命令》的主要内容

《生物制造行政命令》聚焦在美国境内构建充满活力的生物制造产业

体系，从多方面出台相关措施，旨在促进美国生物技术和生物制造创新发展。其主要内容包括以下九个方面。

一是提高美国的生物制造能力。加速生物技术和生物信息学工具的研发，消除产业化应用障碍，加快基础研究成果转化。加大区域创新投资力度，加强生物制造人才培养，提升美国生物制造产品的生产能力和工艺水平。加强生物制造基础设施建设，加快生物技术成果的产业化试点工作推进和规模化生产。

二是加强生物基产品推广。进一步推动“生物基优先”项目的进展，加大对生物基产品强制性采购的力度。定期出具生物基产品使用状况评估报告，为后续产品改进和质量提升指明方向，促进产品不断迭代升级。

三是加大研发创新投入力度。加大对生命科学等基础科学研究的投资力度，推动合成生物学、基因工程等领域的快速发展，从而实现以类似软件和计算机编程的方式对细胞或菌种的基因“电路”进行方便快捷、可预测的编辑，精准、高效地生产目标产物。

四是打造生物制造数据共享平台。建立涵盖技术迭代、研发创新、生产优化以及产业发展态势洞察等方面内容的生物制造数据平台，填补当前存在的数据空白，降低生物技术开发人员对高质量、安全和广泛的生物数据集的使用门槛，推动生物技术与信息技术加快融合，促进生物制造产业快速发展。

五是培养多样化的技术人才。通过加强正式和非正式的教育和培训以及职业教育和技术教育，增加美国人才参加生物技术和生物制造领域的培训的机会，解决当前美国生物制造领域各级技能人才短缺的问题。

六是简化生物技术产品相关法规。建立统一的网站来发布生物技术标准、法规，方便技术开发人员查阅和咨询，提高生物制造产品研发、生产、监管过程的透明度和效率，使有价值的发明和产品能够在有安全保障的前提下更快地进入市场。

七是加强生物安全风险防控。加大美国联邦政府在生物科学、生物技术和生物制造领域的投资力度，引导和激励美国社会各界和国际企业加强生物安全方面的研究和实践，并鼓励生物安保方面的创新，以降低生物技术研发和生物制造全生命周期的安全风险。

八是保护美国生物技术生态系统。制订并发布相关计划，内容包括采取何种行政行动、监管行动、技术保护措施来降低风险，以保护美国生物技术生态系统，保持美国生物技术的领先地位和竞争力。

九是加强国际合作。通过联合开展研究项目、提供监管服务、加强人才培养、推动数据共享和专家交流等方式，与国际伙伴加强在生物技术特别是在基因组学领域的合作，利用生物技术来应对环境保护、气候变化、能源安全以及卫生健康等领域面临的具有紧迫性的全球挑战。

二、《生物制造行政命令》重点任务分工及时限要求

（一）加强生物技术研发

一是在《生物制造行政命令》颁布后 180 天内，美国总统科学技术顾问委员会（PCAST）负责向总统提交并公开一份关于生物经济的报告，就如何保持美国生物经济竞争力提出建议。

二是在《生物制造行政命令》颁布后 180 天内，相关部门应提交评估文件，分析生物技术和生物制造在促进卫生健康事业发展、应对气候变化、增加粮食供给、提高供应链弹性和推进跨领域科学研究等方面的作用。其中，HHS 负责评估如何利用生物技术和生物制造实现医疗技术突破，减轻疾病带来的总体负担，并巩固卫生健康事业取得的成果；DOE 负责评

估如何利用生物技术和生物制造来应对气候变化并减轻气候变化带来的影响，包括采取封存碳和减少温室气体排放量等措施；USDA 负责评估如何利用生物技术和生物制造促进粮食生产技术创新，包括提高粮食生产的可持续性及加强土地保护、提高食品质量和营养价值、增加农产品产量、防治动植物病虫害、培育新的替代食物等；DOC 负责评估如何利用生物技术和生物制造来提高美国供应链弹性；NSF 负责评估如何利用生物技术和生物制造将基础研究发现与产业科技创新相结合，培育生物经济新增长点，并实现相关社会目标。

三是在相关部门提交的评估文件发布后 90 天内，美国管理和预算办公室（OMB）负责根据相关实施方案开展资金使用总额的测算工作，以确定相关机构在生物技术和生物制造相关活动中的支出情况。

四是在相关部门提交的评估文件发布后 100 天内，美国白宫科学和技术政策办公室（OSTP）负责确定有关机构的负责人，并根据评估文件中的建议牵头制订实施方案，就潜在的伦理影响和其他社会影响征求外部专家的意见。在 2 年内，就该实施方案向 OMB 报告为推动生物技术及生物制造发展采取的措施和分配的资源。

（二）强化生物经济数据平台建设

一是在《生物制造行政命令》颁布后 240 天内，OSTP 负责提交推进生物经济数据平台建设的报告。该报告需要汇报在收集卫生健康、气候变化、粮食生产和生物制造等领域的数据类型和来源方面开展的工作。以公平、标准化、安全且透明的方式填补数据空白，实现公共数据可查找、可访问、可互操作和可重用，并可在能够使用先进计算工具的平台上集成。根据数据类型和来源，考虑可能存在的安全问题、隐私保护问题和其他风险（如数据的滥用、泄露和恶意删除等），制订数据保护计划以防范此类风险。概述实现相关目标所需的联邦资源、法律权限和行动方案，并给出行动时间表。

二是由 DHS 牵头，为保障存储在美国联邦政府信息系统中的生物数据安全，制订最佳实施方案。

三是由 DOC 牵头，在为销售给美国政府的软件的开发制定安全基线标准的同时，还要考虑制定与生物制造相关的软件和硬件（包括实验室设备、仪器仪表和数据管理软件等）开发安全标准。

（三）构建充满活力的美国生物制造生态系统

一是在《生物制造行政命令》颁布后 180 天内，美国总统国家安全事务助理（APNSA）和美国总统经济政策助理共同牵头制定提升美国生物制造能力的战略，以优化生物制造流程、加强基础设施建设。

二是加强项目建设，以创建充满活力的生物制造生态系统。NSF 负责执行“区域创新引擎计划”，以推进包括生物技术在内的新兴技术创新。DOC 负责应对生物制造供应链发展和相关生物技术基础设施开发建设过程中面临的挑战。DOD 负责激发生物制造潜力，为美国国防供应链提供多样化的产品。DOE 负责推进生物能源和生物制品科学研究，加速生物技术和生物信息学工具的开发，并减少商业化障碍。

三是在《生物制造行政命令》颁布后 1 年内，USDA 负责制订并提交计划，以支持美国生物制造产业发展，同时保障粮食安全、促进环境可持续发展。

四是在《生物制造行政命令》颁布后 180 天内，DHS 负责提交一份评估报告，既要对与生物经济相关的关键基础设施性能开展评估并提出提升性能的对策建议，又要对美国生物经济发展面临的网络安全问题和基础设施使用风险开展评估。

（四）做好生物基产品政府采购工作

一是在《生物制造行政命令》颁布后2年内，完成对订购官员、采购卡销售经理和采购卡持有人等相关工作人员采购生物基产品的培训。由OMB采购政策办公室牵头，编制并提供相关培训材料。

二是在《生物制造行政命令》颁布后180天内及此后每年，由相关采购机构向OMB提交上一年度的财政支出报告，内容包括直接采购生物基产品的合同的数量和金额、签订的服务和建设（包括翻新）合同的数量、承办商在执行服务和建设（包括翻新）合同时实际使用的生物基产品的种类和价值。

三是在《生物制造行政命令》颁布后1年内及此后每年，OMB根据相关数据和生物基产品的采购信息等，使用计分卡或类似工具，激励相关机构加大对生物基产品的采购力度。

四是在《生物制造行政命令》颁布后1年内及此后每年，相关采购机构负责向USDA报告无法满足采购需求的生物基产品的具体类别、预期性能和其他相关指标。USDA负责每年公布这些信息。此外，当新类别的生物基产品进入商业市场时，USDA负责指定美国联邦政府优先采购的新类别产品。

（五）打造生物制造人才队伍

一是在《生物制造行政命令》颁布后200天内，由DOC、OSTP、NSF、美国劳工部（DOL）、美国教育部（ED）和美国总统国内政策助理负责制定并执行“联邦教育和培训项目计划”。该计划提出要提升正式教育、非正式教育、职业教育和技能教育的质量，并在相关教育体系中增加生物技术和生物制造的相关课程。

二是在《生物制造行政命令》颁布后2年内，DOC、DOL、ED、OSTP、

NSF 等相关部门，应通过 APNSA 向美国总统报告促进人才发展相关措施的执行情况。

（六）提高生物技术监管的透明度和效率

一是在《生物制造行政命令》颁布后 180 天内，USDA、EPA 和 FDA 负责找出《生物技术监管协调框架》①（2017 年 1 月版）等政策中存在的模糊性问题、不确定性问题和空白领域。

二是在找出监管空白领域后 100 天内，向美国公众提供相关部门的监管职责和简明流程信息，包括由各部门负责监督的应用生物技术开发的具体产品，并酌情提供研究案例。

三是在《生物制造行政命令》颁布后 280 天内，USDA、EPA 和 FDA 向 OMB 以及 OSTP 提交监管流程改革措施和时间计划，制定并完善相关法规和指导文件。

四是在《生物制造行政命令》颁布后 1 年内，在生物技术监管统一网站上发布相关信息，帮助生物制造产品开发人员快速查询特定产品，并迅速获得相关资讯。

（七）降低生物安全风险

由 HHS 负责制订生物安全创新倡议，以降低与生物技术、生物制造和生物经济发展有关的生物安全风险。

在《生物制造行政命令》颁布后 180 天内，HHS 和 DHS 应与生命科学研究机构协调，为促进生物经济发展制订能够保障生物安全的计划。一是加强生物安全研究，支持生物安全领域的创新，以降低生物技术研发

① 《生物技术监管协调框架》，英文原名：Coordinated Framework for Regulation of Biotechnology，是美国政府在1986年发布的关于生物技术监管的政策文件。2017年美国政府对该文件进行了更新。

和生物制造全生命周期的风险。二是充分利用美国联邦政府在生物科学、生物技术和生物制造方面的投资，加强生物经济发展过程中的生物安全保障。

（八）加强生物经济产业规模测量和评估

一是在《生物制造行政命令》颁布后 90 天内，DOC 联合 NIST 综合整理现有的国内外研究成果，创建并发布生物经济相关词汇，开发生物经济产业规模测量方法。

二是由美国首席统计师负责联合相关部门，加快推进与美国生物经济价值相关的联邦统计数据的收集工作，重点关注生物技术对生物经济发展的贡献。在《生物制造行政命令》颁布后 120 天内，成立跨机构技术工作组，由美国首席统计师担任负责人，成员应包括来自 USDA、DOC、OSTP、NSF 等部门的代表。在《生物制造行政命令》颁布后 180 天内，由 BEA 评估衡量生物经济贡献的国家标准的可行性，探讨是否应制定此类标准，并提出下一步工作计划。

三是在《生物制造行政命令》颁布后 1 年内，跨机构技术工作组应向美国经济分类政策委员会提出 NAICS 和 NAPCS 中与生物经济相关的内容的修订建议。2026 年，跨机构技术工作组将启动对 2023 年修订建议的审查工作，并酌情更新部分建议，为 2027 年 NAICS 和 NAPCS 的修订工作奠定基础。

四是在《生物制造行政命令》颁布后 18 个月内，跨机构技术工作组应向美国首席统计师提交报告，描述收集到的基于 NAICS 和 NAPCS 代码的、与生物经济相关的部分信息。

（九）加强国际合作和交流

一是加强国际合作，以促进美国生物经济发展。加强生物技术研发合作，包括联合开展项目研究和专家交流活动。鼓励监管合作，采用最佳实践方法来评估和推广创新产品，重点推广能够支持可持续发展和助力实现气候目标的产品。制订联合培训计划并发起倡议以促进美国生物经济领域的就业。根据适用的法律和政策，促进科学数据（包括基因序列数据）的公开和共享，并确保其不会阻碍产品的创新迭代和生物技术的快速、可持续发展。进行水平扫描，以预测全球生物经济发展面临的挑战。通过建立双边和多边合作机制推动生物安全保障工具的创新和资源合理分配，加强对生命科学领域技术的研究以及对“潜在大流行病原体”项目的监管，构建生物技术和生物制造研发风险防控体系。探讨如何酌情调整生物制造产品的分类标准，以衡量生物制造行业增加值。

二是在《生物制造行政命令》颁布后 180 天内，美国国务卿应联合美国贸易代表办公室等有关部门，向 APNSA 提交计划，以便与外国合作伙伴、国际组织等合作实现相关国际合作目标。

（十）评估美国生物经济发展前景

一是由美国国家情报总监（DNI）牵头组建跨部门评估工作组，评估美国生物经济发展遇到的问题及发展前景。

二是在《生物制造行政命令》颁布后 240 天内，DNI 应向 APNSA 提交美国生物经济机密评估报告。

三是在收到 DNI 提交的评估报告后 120 天内，APNSA 负责制订促进美国生物经济发展的计划。

第二篇

美国生物制造政策实施情况

2022—2024年，美国白宫协调DOD、DOE、DOC、USDA、HHS等10余个联邦政府部门，出台了20余项支持生物技术和生物制造发展的政策，配套扶持资金超过35亿美元，带动社会投资达460亿美元。本篇详细梳理了美国联邦政府部门出台的相关响应政策，展示了美国为促进生物制造加快发展构建的一套完整政策体系。

第四章　明确未来发展目标

当前，世界正处于由生物技术和生物制造推动的工业革命的风口浪尖。通过生物制造方式，美国各地的可持续生物质原料可以转化为新产品，并为以石油为原料的化学品、药物、燃料、材料等产品的生产提供替代方案。为响应时任美国总统拜登于 2022 年 9 月签署的《生物制造行政命令》,2023 年 3 月 OSTP 发布《美国生物技术和生物制造远大目标》①。该文件明确了美国未来 20 年生物制造的发展方向和具体目标，涵盖 5 大板块 21 个方面 49 个子目标，以及为实现目标需要开展的重点研发工作。其中，DOC、HHS、USDA、DOE 和 NSF 分别牵头编制相关文件，详细阐述未来 5 ~ 20 年如何利用生物技术和生物制造来实现“提高产业链供应链弹性”“促进生命健康产业发展”“提升食品生产供给能力”“优化气候变化应对方案”“推进生物经济创新发展”等社会目标。

第一节　提高产业链供应链弹性

DOC 牵头编制了《加强生物技术和生物制造研发以提高供应链弹性》。作为《美国生物技术和生物制造远大目标》中的一部分，该文件指出，希

① 本书中出现的美国官方文件较多，很多文件没有公开或尚无公认的中文官方译文，若读者需要准确的英文原文，可联系作者索取。邮箱：121410231@qq.com。

望通过生物技术和生物制造创造更加灵活、适应性更强的生产方式，以应对近年来产业链供应链存在的问题。为此，该文件中提出三方面中长期目标并明确重点研发工作。

一、大力推行生物制造方式

（一）目标

一是优化关键药物的供应链体系。在未来 5 年内，大力推进生物制造能力提升，确保至少 25% 的小分子药物活性成分实现美国本土化生产。

二是推动化学品生产向绿色、可持续方向转型。在未来 20 年内，加快对传统化工产品的替代进程，通过生物制造方式满足至少 30% 的化学品生产需求。

三是加速生物制品的研发进程。在未来 20 年内，将新型生物技术融入生物制造工作流程，在至少 3 个存在供应链瓶颈的行业中，各实现 10 种产品的规模化的生物合成生产。

（二）重点研发工作

一是开发具有成本竞争力的生物制造替代方案，用于生产关键的活性药物成分、化学品及其他材料。

二是设计并测试可持续且经济高效的制造功能，以促进生物制造的发展。

三是加快推进合成生物学工具以及加工方法的创新，实现锂、钴等关键矿物的回收和获取。

四是开展全生命周期成本分析，在确保生物安全和生物安保的基础上，开发生物制造解决方案，推动循环经济的发展。

五是构建模型以预测可用于生产化学品的最具潜力的生物制造替代方

案，以在生产规模和产品质量方面实现优化。

六是利用人工智能技术提升生物制造平台的易用性，加快生物制造产品开发和流程优化。

二、提高产业链供应链弹性

（一）目标

一是提升短板弱项预测能力。在未来 5 年内，预测并识别至少 50% 的供应链薄弱环节，及时调整生物制造发展的战略方向，以有效解决供应链存在的问题。

二是实时优化生物制造流程。在未来 5 年内，投入使用监测系统，实时评估并调整生物制造参数，不断提升生产流程的稳定性与高效性。

三是构建自适应供应链体系。在未来 20 年内，加强先进生物制造平台部署，7 天内即可对供应链存在的问题进行快速响应。

四是提高供应链弹性。在未来 20 年内，推动 80% 的具备可行性的生物制造技术实现落地转化，以满足美国国内的产能需求。

（二）重点研发工作

一是开发预测模型。针对高需求化学品和材料等的供应链存在的突出问题，找出生物制造领域最具收益潜力的替代方案，并预测市场发展趋势与人才需求变化情况。

二是研发精确模型。借助生物制造及相关辅助技术，绘制美国生物制造能力分布图，预测生物质原料的可获取性，并对美国城乡现有的生物制造基础设施进行有效改造，以适应美国不同地区的需求。

三是加强数据能力建设。强化人工智能、机器学习与数字孪生等信息技术的应用，在保障数据安全的基础上，实现流程控制与供应链数据的实时分析与反馈。

四是推动智能生物制造发展。通过提升软件和设备的数字化、自动化水平，提高生物制造流程的效率及可靠性。

五是模块化改造生物制造系统。对生物制造系统进行模块化改造，提升生物制造生产能力，可实现生物制造产业规模的快速扩大、缩小或横向扩展。

三、加强数据与标准基础设施建设

（一）目标

一是强化数据基础设施建设。在未来 5 年内，启动数据基础设施建设工作，通过对数据标准、工具的完善与融合，建立高效且安全的数据共享机制。

二是强化标准基础设施建设。在未来 20 年内，构建稳固的标准基础设施，以加速生物制造流程的快速部署与优化。

（二）重点研发工作

一是加强数据标准、工具的开发与集成，逐步构建并完善数据基础设施。同时，与美国国内和国外相关方面保持沟通，确保数据安全。

二是构建完善的数据标准体系，为先进数据分析工具的开发、集成与应用提供有力支撑，推动人工智能、机器学习及数字孪生等信息技术在生物制造中的有效应用。

三是开发一系列标准化的分析方法，并配套建设相应的测量平台，从而显著提升复杂生物系统的可比性。

四是完善标准体系建设，加速生物制造设备、部件与耗材标准的制定与修订，提升生物制造过程中研发与生产之间技术及设备的匹配度。

第二节　促进生命健康产业发展

HHS 牵头编制了《加强生物技术和生物制造研发以促进生命健康产业发展》。作为《美国生物技术和生物制造远大目标》中的一部分，该文件旨在通过推动生物技术和生物制造研发，促进生命健康产业加快发展，提高美国民众健康水平和生活质量。为此，该文件中提出五方面中长期目标并明确重点研发工作。

一、发展无障碍健康监测

（一）目标

一是明确健康的生物指标。在未来 5 年内，借助新型传感器技术，确定不少于 10 个下一代健康的生物指标，并将其纳入标准健康生活和预防医学实践的监测范畴。

二是整合健康诊断工具。在未来 20 年内，研发并推广一款便捷易用且价格适宜的家用诊断分析工具（如健康工具包），可运用新的健康的生物指标，并在诊所和社区中发挥效能，以满足不同人群的需求，并大幅降低健康结果分析的误差。

（二）重点研发工作

一是开发新型传感器并加强对人体健康数据的收集，开发与之适配的人工智能及机器学习模型，整合多种数据类型，明确健康和老龄化的标志性测量指标。

二是开发微分型检测器和多路检测仪表盘。加快推进新型可穿戴远程监测器、电子病历与其他生理数据源的验证进程与商业化应用，实现对疾病易感性的有效预测及疾病进程的动态监测。

三是推进健康工具包的数据基础设施建设。在确保患者隐私与数据安全的前提下，全面建设健康工具包的数据基础设施，深入探究如何利用数据资源改善患者健康状况，并与初级保健医师及其他临床医生进行数据共享。

二、发展多组学精准医学技术

（一）目标

一是强化多组学数据收集能力。在未来5年内，从涵盖不同人群的庞大数据样本中收集多组学指标信息，针对50种发病率较高且对社会影响较大的疾病，确定关键诊断与治疗指标。

二是研发个体化多基因组学治疗工具。在未来20年内，围绕导致疾病高发的关键因素，研制用于疾病预防、诊断及治疗的专业分子分型分析工具，开发可将成本控制在1000美元以内的多基因组学技术方案。

（二）重点研发工作

一是研发新型传感器，如体内DNA记录器，以采集更多数据，促进多组学方法的广泛应用。

二是建立标准化的多组学数据收集及分析流程，为预测模型的构建与应用提供有力支撑。

三是将多组学数据与环境数据、生活方式信息以及其他表型数据进行有机融合，开发适用于临床研究的方法，推动实施临床实践中切实可行的患者分类、诊断与治疗方案。

四是制定严谨且完善的多组学数据安全标准及使用规范，切实保障患者隐私安全。

三、推进细胞疗法等生物制造技术的发展

（一）目标

一是提升细胞药物疗效。在未来5年内，提升细胞药物开发技术水平，确保患者体内细胞的存活率达到75%以上。

二是实现规模化生产。在未来20年内，通过推进细胞疗法创新，扩大生产规模，将生产成本降低至原水平的1/10，以扩大其应用范围并提升可及性。

（二）重点研发工作

一是致力于开发全新的基因编辑技术与遗传编程方法，以此为基础研发下一代细胞疗法。同时，深度融合合成生物学的创新性成果与新型非病毒递送载体，最大限度提升二者的效能与实际应用效果。

二是构建明确的临床及基因组指标体系，精准筛选出适合应用细胞疗法的患者群体，并通过研发预测模型，对细胞疗法的疗效进行预判。

三是针对不同细胞类型，制定并实施相关设施的生产标准，降低细胞药物生产成本并减少患者等待时间。

四是在商业化生产设施中，对用于生产下一代生物技术产品的全新生物制造方法进行全面测试，有效排除潜在风险。

五是积极与临床医生及医院其他工作人员协同合作，共同编制培训材料，确保护理资源分配的公平性与均衡性 。

四、人工智能赋能生物制药

（一）目标

一是提升生物药的生产速度。在未来5年内，借助美国国家资源实验

室网络，突破现有生物药生产环节的瓶颈，将 10 种常见处方药物的生产速度提高 10 倍。

二是增加生物药的多样性。在未来 20 年内，将人工智能与机器学习技术融入美国国家资源实验室网络，用于设计新型生物药，并将新型生物药的研发及生产速度提升 10 倍。

（二）重点研发工作

一是围绕三方面核心能力，构建美国国家生物制造资源网络。①开发一套具备分布式、模块化特性的下一代自动化实验室系统，重点聚焦高通量筛选技术、代谢物在线传感装置、下一代测序技术以及聚合酶链反应诊断技术等多项关键技术与设备。②建立一个基于云平台的虚拟研究机构，以实现所有分布式自动化实验室的互联互通。③创建一种联合模式，可实现物理实验室与虚拟云平台的深度融合，并依托人工智能技术在物理实验室环境中对虚拟云平台预测的结果进行测试验证。

二是建立标准统一且规范的实验数据体系，确保美国各地研究人员能够实时获取相关数据，加速生物药开发进程。

三是积极开发人工智能、机器学习算法，以实现对小分子药物、肽类药物以及细胞药物等各类药物的设计优化。

四是开发精度和灵敏度较传统技术提升 10 倍的先进检测技术，实现对生物制造过程中的代谢物、物理参数以及生物制品的实时在线检测。

五、开发更先进的基因编辑技术

（一）目标

一是提升基因编辑效率。在未来 5 年内，进一步开发并优化临床应用的基因编辑系统，在确保将副作用降至最低程度的基础上，实现对 10 种已知遗传疾病的成功治愈。

二是实现规模化生产。在未来 20 年内，加强生物制造生态体系的建设，确保每年能够稳定生产至少 500 万剂治疗性基因编辑药物。

（二）重点研发工作

一是致力于开发基因递送载体、基因编辑器以及基因编辑系统，并建立标准检测方法体系，以科学评估体外及体内的基因编辑效果。

二是组建综合协商小组，汇集来自标准制定、监管、工业制造以及学术研究等多个领域的专家，由他们共同制定统一的基因编辑标准与规范。

三是建设化学、计算机、体外及体内的核心表征设施，配备基因疗法所需的各类设备，开发能够实现大规模生产的基因编辑技术，并将其应用于多种疾病的治疗实践。

第三节　提升食品生产供给能力

USDA 牵头编制了《加强生物技术和生物制造研发以提升食品生产供给能力》。作为《美国生物技术和生物制造远大目标》中的一部分，该文件指出，希望借助生物技术和生物制造的力量，为美国食品生产系统面临的诸多挑战提供应对方案。为此，该文件中提出三方面中长期目标并明确重点研发工作。

一、提高原料生产力

（一）目标

一是提升农业生产力。在未来 10 年内，强化对自然资源的利用与保护，助力实现全球农业全要素生产率提升 28% 的目标，以满足全球粮食安全需求。

二是增加生物燃料的使用比例。在未来10年内，将生物燃料生命周期内的温室气体排放量降低50%，并将液体运输燃料中生物燃料的混掺比例提高50%。

三是减少氮排放。在未来5年内，通过提高植物的氮利用效率，改良肥料的生产、利用方式，减少农业氮排放。

四是减少甲烷排放。在未来10年内，通过提高沼气捕集与利用率、减少反刍牲畜的甲烷排放、减少垃圾填埋场食物残渣处理过程的甲烷排放等方式，实现将温室气体排放量降低50%的目标。

五是减少粮食损失和浪费。在未来10年内，加强新技术的开发和利用，将粮食损失和浪费量减少50%。

（二）重点研发工作

一是应用快速育种策略和先进生物技术，对植物、动物及微生物进行优化改良，以提升农业生产效率，降低生产活动对生态环境的影响。

二是加强关键酶制剂的研发，将秸秆等农林废弃物分解为木质素、半纤维素和纤维素，并在塑料、黏合剂、纤维、涂料等产品的生产过程中实现高效转化和利用。

三是利用前沿生物技术增强植物对土壤中氮和磷的吸收效率、储存和循环再利用能力，培育对农业投入品要求较低的植物品种。

四是加大对新型饲料原料、添加剂的研究力度，减少反刍动物和水产养殖过程中的甲烷排放。

五是强化对包装材料、保鲜涂层等相关产品和工具的研究，减少因变质、虫害、霉变及恶劣天气等导致的粮食损失。

六是扩大“粮食回收及循环利用计划”的实施范围，将食物残渣等有效地转化为饲料、肥料、燃料等多元化产品。

二、提升食品营养价值和质量

（一）目标

一是拓展食品与饲料来源渠道。聚焦联合国可持续发展目标设定的在2030年前实现全球“零饥饿”这一愿景，在未来10年内，加强新型或改良型食品与饲料来源的研发和规模化生产。

二是提升食物营养密度。在未来20年内，着力提升农作物及动物性食物的营养密度，并充分利用其营养优势。

三是降低食源性疾病发病率。加大对新型筛查工具的研发力度，着力降低食源性疾病发病率，如将沙门氏菌疾病的发病率降低25%。

（二）重点研发工作

一是制定谷物分离、加工以及相关控制措施的标准化流程，降低供应链中潜在的混合污染以及过敏原交叉接触的风险，确保用于动物蛋白生产的谷物饲料供应安全。

二是加强畜禽饲料研究，如通过在饲料中添加氨基酸以提高饲料转化率。

三是强化前沿生物技术的开发和应用，提高植物性食物和动物性食物中微量营养素和有益健康物质的含量，培育营养密度更高的植物性食物和动物性食物品种。

四是研发食品安全风险测量工具，评估病原体毒力因子及抗生素耐药性情况，研究并提出有针对性的解决方法，以减少食源性疾病的发病率。

五是开发快速筛查、检测和精准量化技术，构建覆盖全美的病原体、化学污染物和物理危害监测网络。

三、促进种植养殖过程免受环境压力影响

（一）目标

一是强化检测与防治病虫害的能力。在未来 5 年内，增强对现有及潜在动植物病虫害，特别是可传播疾病和具有破坏性的害虫的检测与防治能力。

二是提升应对生物与非生物胁迫的抵抗力。在未来 20 年内，研发相关工具以提升应对病虫害等生物胁迫以及干旱、洪涝、高温、低温等非生物胁迫的抵御能力，增强农林业发展韧性。

（二）重点研发工作

一是研发病原体快速筛查方法，在全美范围内提供便捷、及时且精准的筛查服务。

二是针对具有严重传染性的动植物疾病，提前制订动物疫苗与抗病毒药物研发、生产、储备等应对举措，并利用诸如生物防治剂、基因驱虫技术、信息素等综合防治手段驱除携带且可传播病原体的害虫。

三是通过基因测序技术表征最新的动植物病原体分离株，并明确其潜在的宿主范围。同时，扩大抗病虫害农作物、动物及其野生近缘种的基因组筛选与测序工作范围。

四是深化对农业生态系统和林业生态体系的研究，特别是研究其在面对不同压力因素时的动态变化。培育生物胁迫和非生物胁迫环境下产量更高的动植物品种，增强农林业发展韧性并促进其生态系统的可持续健康发展。

第四节　优化气候变化应对方案

DOE牵头编制了《加强生物技术和生物制造研发以优化气候变化解决方案》。作为《美国生物技术和生物制造远大目标》中的一部分，该文件指出，希望通过推动生物技术和生物制造创新成果的大规模转化，助力实现2050年温室气体净零排放的目标。为此，该文件中提出四方面中长期目标并明确重点研发工作。

一、开发生物质燃料

（一）目标

一是增强原料可用性。在未来20年内，收集并处理12亿吨可转化的专用植物以及废弃物衍生原料，并将超过6000万吨的二氧化碳转化为燃料等产品。

二是生产可持续航空燃料。在未来7年内，确保可持续航空燃料产量达到114亿升，显著减少温室气体排放量。到2050年，确保可持续航空燃料产量进一步增至1325亿升。

三是开发其他战略燃料。在未来20年内，开发新技术，生产温室气体净排放量较低的燃料，使其对海运燃料、越野车辆燃料、铁路燃料的替代率达到50%。

（二）重点研发工作

一是加强技术创新和项目示范，有效减少原料在生产、收集、运输以及预处理等各个环节的碳足迹。

二是着力研发符合可持续发展理念的先进技术，专门用于对异质废弃物的高效预处理以及污染物的精准分离，显著提升可再利用的废弃物原料的数量与质量。

三是积极开发新型生物基化合物，以替代可持续航空燃料生产过程中产生的中间产物，进一步减少温室气体排放量。

四是研发能够适配多种原料的生产工艺，同步制定完善的燃料质量标准以及开发科学的测试方法，以优化纤维素原料的生物转化与加工流程。

二、发展生物基化学品和材料

（一）目标

一是开发低碳化学品与材料。在未来5年内，成功生产出20种以上的具备商业可行性的生物制造产品，并确保其在整个生产周期内的温室气体排放量较现行生产方式降低70%以上。

二是积极推动循环经济发展。在未来20年内，将生物基原料转化为可降解、可回收的材料，替代当前90%以上的塑料及其他聚合物。

（二）重点研发工作

一是加强先进生物技术的应用，确定关键分子生产过程中的生物合成途径，从而提高利用碳源生产化学品的产量及加工效率。

二是积极开展生物与化学交叉领域的研究，致力于生产能够最大限度降低温室气体排放量的平台化合物与最终产品。

三是扩大废旧塑料等废弃物资源回收及再利用的范围和规模，重点关注当前尚未得到有效回收处理的混合物及多组分废弃物。

四是加大对塑料等材料的创新研发力度，优化材料性能，提高材料的可再利用性。

三、培育具有气候调节作用的作物品种

（一）目标

一是开发新型原料生产系统测量工具。在未来 5 年内，利用新型测量工具对农业与生物经济原料生产系统进行评估。

二是优化原料植物培育技术。在未来 5 年内，通过优化植物改造及微生物组调控技术，培育出适宜在未充分利用的土地上生长的耐旱原料植物，并将氮和磷的吸收效率提升 20% 以上。

三是改进食用蛋白生产流程。在未来 5 年内，探索使用非粮生物质原料及二氧化碳生产食用蛋白的可行途径，实现生产周期温室气体排放量降低 50% 以上，并确保生产成本基本不变。

（二）重点研发工作

一是构建一套在全美范围内适用的研究框架及配套工具，以精确测量并核实农业生产系统中用于生产生物制品的原料规模。

二是深入开展藻类及其他植物与土壤微生物群落的研发工作，制定相关评估方法以全面评价对植物品种的改良效果。

三是开发先进的生物加工技术，以扩大蛋白质的生产规模，同时确保产品质量符合要求。

四是对当前食用蛋白生产流程进行分析，为开发可合成食用蛋白的生物技术提供参考依据。

四、发展二氧化碳清除技术

（一）目标

一是开发超大型生物技术。在未来 10 年内，开展相关技术研发工作，

以大规模推广应用超大型土壤碳封存及管理技术，提升土壤健康水平及抗旱能力。

二是推进生物质脱碳与储存工作。在未来9年内，通过推进具有可扩展性的生物质脱碳技术的应用，将成本控制在每吨100美元以下，实现10亿吨级的脱碳目标。

（二）重点研发工作

一是加快遗传工程学发展及相关技术工具的开发和应用，培育出根系更强健的高产作物与林木品种，有效提升土壤有机碳的含量。

二是深入探究土壤有机碳的积累机制及植物—土壤相互作用机制，实时监测土壤有机质含量。

三是研究遴选出经济效益较高的生物质脱碳与储存方案，并明确其在作为碳管理策略重要组成部分时，与其他生物质利用方案的协同关系。

四是广泛探索和运用生物无机材料生产技术，研究利用生物系统制备固体碳材料的有效途径，实现二氧化碳的高效捕集与固定。

第五节 推进生物经济创新发展

NSF牵头编制了《加强生物技术和生物制造研发以推进生物经济创新发展》。作为《美国生物技术和生物制造远大目标》中的一部分，该文件指出，要将基础研究发现与产业创新相结合，培育生物经济新增长点，以解决当前一系列社会问题。为此，该文件中提出五方面中长期目标并明确重点研发工作。

一、利用生物多样性推动生物经济发展

（一）目标

一是在未来5年内，针对一百万种微生物的基因组展开测序工作，并解析八成以上新发现基因的功能作用。

二是在未来20年内，将发现生物体的新基因序列、代谢途径以及基因功能的速度提升100倍以上。

（二）重点研发工作

一是制定基因测序发展战略，通过比较分析，明确可用于细胞工厂构建等的功能元件，丰富功能元件资源库。

二是加强信息技术的融合应用，提高对基因序列和功能元件进行比较分析的能力，增加底盘菌种数量。

三是提高数据处理与分析能力，推动生物数据可查询、可获取、可互操作与可重复使用。

四是在数据共享和知识产权保护之间寻求平衡，既要鼓励创新，又要对敏感数据进行适当的保护。

二、加强生物制造系统的设计和构建能力

（一）目标

一是在未来5年内，提升生物小分子及酶的设计与开发能力，并将研发时间缩短至3周以内。

二是在未来20年内，从分子层面到生态体系层面，目标明确的工程生物系统设计成功率的置信度达到90%。

（二）重点研发工作

一是全面增强对生物分子间的相互作用的预测能力，从而有效解析生物小分子及酶的关键功能。

二是在各个层级协同推进理论研究、计算分析以及实验工具的优化升级，深入探索生物的进化与适应机制。

三是积极开发先进算法，将人工智能技术应用于菌种优化和关键酶创制，突破现有蛋白质设计的范畴，加快在生物体不同结构层次上的生物设计进程。

四是研制基准测试方法和标准，为应用人工智能及其他计算模型进行专业测试与验证提供支持，确保最终设计的准确性与可信度。

三、增强构建和评估生物系统性能与质量的能力

（一）目标

一是在未来 5 年内，具备读取和写入表观基因组、转录组以及表达蛋白质组的能力，形成能够在 30 日内对任何单个细胞进行构建和评估的能力。

二是在未来 20 年内，培育出一种能够用于生产食品或者药品的最小合成生物细胞。

（二）重点研发工作

一是加强技术研发，以对微生物、动植物等生物体的基因组、转录组、蛋白质组以及代谢组等表达进行精准调控。

二是基于现有的与代谢通路调控机制有关的数据库，构建一个能够对生物分子和细胞进行精确修饰并实现高通量筛选的平台。

三是利用量子传感技术、光学传感技术、磁传感技术等传感技术，研

发不干扰细胞正常功能的生物与非生物传感器，使其能够有效接收外源信号并与生物系统实现良好对接。

四是全面读取生物体的基因组、蛋白质组和代谢组的信息，进而实现对生物体的高通量表型分析。

五是构建一个覆盖全美的生物铸造厂系统，向美国社会各界开放使用权限，助力其在无细胞系统、工程化细胞、类器官模型以及多细胞生物体平台中，高效完成现代生物技术的设计—构建—测试—学习循环。

四、推进生物系统的规模化管理与控制

（一）目标

一是在未来5年内，全力推进生物工艺的设计、优化及过程控制工具的创新与应用，确保新开发工艺在三个月内可实现商业化生产，且成功率超过90%。

二是在未来20年内，深入推动原料使用、生物设计、工艺设计以及废弃物处理等环节与技术经济分析的有机融合，确保85%以上的新开发工艺在部署后的第一年即可实现商业目标。

（二）重点研发工作

一是积极发挥生物铸造厂的数据驱动作用，通过人工智能建模将底盘细胞性能与生产工艺参数深度融合。

二是推进基于模型的工艺优化和控制工作，以应对反应器系统与上游、下游单元操作中的工艺波动、批次间差异及复杂动态变化。

三是推进测量技术的发展，以用于评估生物制造生产过程中难以直接测量的细胞表型、蛋白质表达或酶活性等状态。

五、创新生物制造方法

（一）目标

在未来5年内，实现器官芯片、脑机接口等生物—非生物融合系统的可重复性制造，确保其核心生物单元（如细胞组织）的活性及生物—非生物界面的连接性维持在90%以上。

（二）重点研发工作

一是发展生物打印技术，用于生成细胞支架、骨骼或软骨替代物，以及模拟或替代活体组织的材料结构，并进一步推进生物打印技术在燃料生产、电子设备制造和高性能材料研发等领域的应用。

二是探索干细胞和组织的潜力，用于生物传感、驱动执行、数据采集与反馈控制、原位修复等方面，并显著提高生物打印活体材料的批次间一致性与功能重现性。提升功能性神经元或脑类器官装置的制造能力，以实现对神经元的精准刺激与损伤修复，并探索其在生物计算领域的潜在应用。

第五章　强化关键要素支撑

为加强数据、原料、人才、基础设施等生物制造产业发展关键要素的支撑能力，美国联邦政府有关部门按照《生物制造行政命令》要求，先后发布政策文件予以响应。例如，USDA 发布《建立有弹性的生物质供应体系：促进美国生物经济发展的计划》，OSTP 成立生物经济数据倡议跨机构工作组（以下简称“生物数据跨机构工作组”）并发布《生物经济数据倡议的愿景、需求和拟议行动》（以下简称《生物经济数据倡议》），美国白宫发布《建设未来的生物人才队伍——扩大进入生物技术和生物制造行业工作的公平途径行动计划》（以下简称《生物人才计划》）。此外，DOD、DOE 等部门也积极支持相关项目建设。

第一节　优化原料供应系统

一、美国生物资源开发潜力及面临挑战

生物质原料是生物制造的基石，保障生物质原料的稳定供应对于满足美国民众对生物制造产品日益增长的需求起着举足轻重的作用。目前，美国依赖的生物质原料主要为玉米、木材等传统品类，这些原料主要被集中应用于生物能源领域。DOE 评估推断，到 2040 年，美国预计约有 3.65 亿吨生物质原料可供开发利用。若将大型藻类、油料作物、农业废弃物、城

市废弃木料等非传统生物质原料纳入考量范围，并充分挖掘这部分原料的开发利用潜力，以进一步增加美国的生物质原料供应量，则到 2040 年美国的生物质原料供应量有可能增至 12 亿吨。虽然这些非传统生物质原料在技术开发以及配套设施建设等方面仍存在不足，但是随着生物制造产业的迅猛发展，未来数十年内市场格局必将迎来调整与变革。这些非传统生物质原料也必将在丰富原料多样性、推动生物制造产业加速发展等诸多方面发挥重要甚至关键的作用。

为了实现对传统生物质原料的充分利用，并深入挖掘对非传统生物质原料进行开发利用的潜力，美国试图构建全新的生物质原料供应体系。该体系涵盖了多个关键环节，包括生物质原料的收集与开发、预处理与转化、运输与储存以及生产与利用等。从现实情况看，该体系的构建仍面临诸多严峻挑战。

其一，自然环境不断恶化。气候变化致使干旱、洪水、山火等极端天气事件频发，这不仅会直接影响生物质作物的正常生长，还会间接导致其减产。与此同时，病虫害带来的威胁持续升级，进一步对生物质原料的稳定供应产生严重影响。

其二，可能威胁粮食安全。非粮生物质原料作物可能在耕地利用方面与主要粮食作物展开激烈竞争，甚至可能挤占动物饲料的生产空间，从而对全球粮价的升高起到助推作用。在美国，大宗农产品价格在零售食品生产成本中所占的比重仅为 13%，且居民食品支出在总支出中的占比相对较低，因此从短期来看，粮食安全所受到的冲击相对有限。然而，生物制造生产规模的扩张无疑会给大宗农产品价格带来明显的上升压力。加强技术创新以及对种植结构进行深度调整可缓解这种压力，从而在满足日益增长的粮食和燃料需求的同时，确保生物质原料的生产规模变化不会对粮食价格和粮食安全造成不可控的影响。但生物质原料生产规模变化影响粮食价格和粮食安全的效应和路径尚不明确，仍需要对其进行进一步的监测与分析。

其三，基础设施建设存在明显瓶颈。美国的生物质产量、储存及运输规模均受制于其基础设施条件。例如，种植者可能需要配备可实现生物质高产的设备，包括大容量的饲料收割机和干燥设施等。然而，美国许多农村地区的桥梁荷载限制在 5 吨及以下，限制了生物质运输设施、制造设施的规模，且运输大型货物往往会产生额外的工作量和费用。同时，制造设施需要具备充足的生物质存储空间，中试平台也必须能够处理和容纳各类原料。此外，农村地区对生物质的预处理能力有限，具备预处理能力的大型基础设施相对稀缺。

其四，人才短缺问题突出。完善的生物质供应链依赖于育种科研、田间管理、运输协调、质量控制等多环节的专业人才培养，然而从作物预处理技工到育种科学家，各技能等级人才均存在供需失衡问题。生物质质量控制员、运输协调员等岗位的用人需求，与美国当前职业教育体系的人才供给存在匹配度不足的问题。

其五，教育和推广力度不足。农户难以掌握柳枝稷等作物的种植技术，导致其产量和品质不稳定。投资者对生物质供应系统中的关键要素（如人才储备、环保成本等）缺乏充分认知，废弃生物质资源的潜力难以得到有效发挥。

其六，政策环境复杂多变。现行监管体系存在“碎片化”问题，美国联邦土地用途管制、地方基础设施选址政策与生物安全法规之间的衔接不够顺畅。同时，生物燃料强制掺混标准等短期激励政策面临失效风险，对投资与创新造成阻碍。美国亟待构建全面的政策框架，通过明确可持续认证标准、设立基础设施专项基金等措施，降低系统性风险。

二、制订弹性原料供应体系建设计划

为应对前文所述问题和挑战，2023 年 3 月，USDA 出台《建立有弹性的生物质供应体系：促进美国生物经济发展的计划》。该计划深入剖析了美国生物质资源的开发潜力，并提出了系列行动方案，旨在提高其原材料供应链弹性，推动环境可持续发展，同时助力中小型企业扩展市场空间。

一是致力于开发新型生物质原料。新型生物质来源广泛，包括大型藻类、油料作物、危险废物、城市废弃木料以及公用事业维护处理废弃物中具有利用价值的生物质等。这些新型生物质虽具备大批量供应开发的潜力，但在实现规模化生产和市场化运作方面仍面临挑战。为此，USDA 计划采取一系列举措：为生物燃料领域新型油料作物制订最佳农艺实践方案；提升美国天然橡胶作物供应能力；为包括木质纤维素作物在内的各类作物的农艺研发提供大力支持；提高食物残渣、粪便以及农业废弃物的利用率，将其应用于生物燃料和生物基产品生产；鼓励消费者更多地选用生物基产品；切实扩大生物基材料的生产规模。

二是提升木质生物质资源的获取率及利用率。过剩的森林资源可能引发火灾、病虫害等灾害。为确保森林生态系统的健康可持续发展，鼓励木质生物质资源在产品生产中的创新与应用，USFS 将通过“国家森林拨款计划”进行创新融资，借助非联邦资金获取木质生物质；通过提供资金援助加强设备设施建设，提升木质生物质产量；为提高小直径木质生物质和林木剩余物（包括采伐剩余物和加工剩余物）利用率提供投资资金。此外，USFS 还将通过提供技术援助，支持将木质生物质作为可持续航空燃料的生产原料，支持扩大木材原料的应用规模；支持木质生物质产品的出口。

三是加强基础设施建设。收集田地与森林中的生物质并将其运输至生产企业进行加工的基础设施，是生物质供应链系统中至关重要的组成部分。构建生物质供应链能够创造就业机会、推动居民增收，这在美国农村地区效果尤为显著。为满足不同地区、不同种类生物质的规模化生产需求，确保供应链弹性，USDA 下属的农村发展机构将通过“美国农村能源计划”“高级生物燃料支付计划”“更高混合基础设施激励计划”“商业和工业担保贷款计划”“农村经济发展贷款计划”等多项计划，为美国农村企业和社区提供拨款或贷款支持，助力其加强基础设施建设、提升生产能力，从而提高生物基产品和燃料生产带来的经济效益。

四是促进对生物质原料需求的增长。对生物质原料的需求量受生物燃料和生物基产品市场的影响。USDA 将实施“生物优先计划”“农业和食品研究计划”“化肥增产计划”“生产者补助金计划”等多项计划，建设相关市场，助力实现对生物质原料需求的增长。

五是提升生物质原料的生产能力及可持续性。生物经济的发展，尤其是生物燃料产业的发展，在一定程度上依赖于玉米、大豆等商品作物的规模化生产。采用气候智能型农业方式生产生物质原料，能够提升上述商品作物的生产效率，在满足市场需求的同时保护自然资源、改善环境质量。USDA 发布了规模达 31 亿美元的“气候智能型商品伙伴关系计划”①，以扩大美国气候智能型商品市场；推广光合固碳技术，减少碳排放，并将对生物质产品生产企业的激励措施与其温室气体排放绩效挂钩。

六是加强宣传推广。为提升美国公众对于生物基产品及供应链的认知，USDA 将开展线上线下活动，面向农场、企业及其他利益相关者进行

① 2025年4月，该计划升级为“生产者市场促进计划”。

宣传，增强其对“生物基产品生产资助计划”的认知，并提供资助申请指导。同时，加强与行业协会合作，并对人才发展需求进行评估。

第二节　夯实生物经济数据底盘

一、美国生物经济数据格局现状

（一）美国生物经济数据资源布局

数据是驱动生物经济发展的关键要素。美国联邦政府部门、受联邦政府或私人资助的科学家已生成并持续产生大量与生物经济相关的数据。这些数据生成者与应用者共同使用数据基础设施和计算资源，以加速推动生物经济领域相关技术的开发。2013 年，OSTP 发布《关于增加对联邦资助的科学研究成果的获取》，帮助由美国联邦政府资助的研究人员共享越来越多的数据。2022 年，OSTP 发布《确保免费、即时、公平地获取联邦资助的研究》，要求各部门在 2025 年 12 月 31 日前制定政策，扩大由美国联邦政府资助的研究项目数据的共享范围。这些数据涉及环境、农业和城市管理等领域，对生物经济各板块具有重要价值。此外，美国联邦政府还将大量公共投资用于运营或维护数据资源。美国联邦政府多个部门近年来持续加大计算与网络基础设施投资力度，包括 NSF 发布的“高级网络基础设施协调生态系统：服务与支持计划”、NIH 发布的“发现、实验与可持续性的科学和技术研究基础设施计划”，以及 DOE 下属的美国国家实验室构建的高性能计算集群系统和能源科学网络等。

（二）美国生物经济数据生态的短板

美国生物经济数据生态在促进技术创新与科技成果转化过程中，仍面临三方面系统性短板。

一是数据与计算基础设施分散且缺乏可持续资金支持。美国联邦政府部门、学术及产业研究机构在数据存储、共享与计算资源整合方面存在明显短板。数据基础设施建设长期依赖分散的短期资助模式，关键基础设施（如蛋白质数据库、美国国家微生物组数据协作平台等）因缺乏持续资金保障，难以实现长期维护及现代化升级。加之现有数据资源访问路径不通畅，且跨机构数据互通性较弱，导致生物技术研发效率难以大幅提升。

二是生物经济数据质量参差不齐，且缺乏统一标准。现有数据面临元数据缺失、标准不统一及跨领域整合能力薄弱等问题。生成数据时未充分考虑下游计算需求，导致数据质量参差不齐；跨学科数据因缺乏统一标准，难以实现有效关联和分析。此外，关键领域的战略性数据量不足，且历史模拟数据的数字化进程滞后，制约了生物经济全链条创新。

三是数据安全保护体系不健全。生物经济数据的全生命周期安全管控体系与敏感信息访问机制存在系统性缺陷。数据安全管理措施未能充分覆盖完整性管理、去标识化以及敏感数据（如健康信息、生物威胁数据等）的访问控制需求。例如，缺乏针对隐私保护的合规性措施，且现有安全基础设施覆盖范围有限，难以应对大规模敏感数据整合挑战。同时，缺乏标准化的数据全生命周期管理流程，数据保留期限与销毁机制中设定的时间不统一，增加了数据滥用的风险。

二、发布生物经济数据相关倡议

为解决上述问题，2023 年 12 月，《生物经济数据倡议》发布。《生物经济数据倡议》旨在充分利用现有资源和战略投资机会，创建数据编织系统，将分析、合成和使用数据所需的基础设施和计算资源连接起来，为美国生物制造产业发展奠定坚实基础。这需要更多的数据，也需要美国联邦政府加以协调并对基础设施进行投资，从而充分利用现有及预期的数据。为实现上述目标，《生物经济数据倡议》提出以下行动方案。

（一）构建对数据资源、计算设备和基础设施的长期融资机制

为保障生物经济数据资源的可持续利用，美国计划构建稳定、持续的联邦资金支持体系，覆盖数据存储扩容、基础设施现代化建设及高性能网络资源升级等。重点支持硬件与软件系统建设，以应对激增的数据存储需求，增强安全访问与维护能力，同时吸纳社区用户与行业专家参与战略规划制定。此外，美国计划设立专项资金支持生物数据合成中心建设，借鉴NSF合成中心模式，促进跨学科数据整合与团队协作，加速农业、医疗等领域的科技成果创新转化。建立长期融资机制还需要满足基础设施的持续维护与迭代升级需求，确保其与技术发展同步更新。

（二）制定实践标准，建设生物数据基础设施

推广社区驱动的数据与元数据标准，打破跨领域数据孤岛，推动数据管理遵循可查找、可访问、可互操作和可重用的“FAIR”①原则。依托生物数据跨机构工作组协调制定的符合FAIR原则的标准，建立标准目录以提升透明度，并促进美国国内标准与国际标准对接。借助自动化工具优化数据标注与质量筛查方式，激励数据共享（如建立溯源机制），同时兼顾保护隐私与践行伦理原则。通过社区驱动、跨机构协作与技术赋能，建设开放、可互操作且可持续的数据基础设施，推动生物制造、精准医疗等领域的创新突破。

（三）创建生物数据资源目录，用于识别现存数据和元数据

创建集中化的生物数据资源目录，整合美国联邦政府部门、学术界及

---

① 可查找（Findable）、可访问（Accessible）、可互操作（Interoperable）、可重用（Reusable）四个词语的英文首字母连起来即构成“FAIR”。

产业界的数据资源，通过唯一的持久标识符（PIDs）增强元数据可追溯性。该目录能够实现对受美国联邦政府部门资助而获取的数据以及商业共享数据的自动索引，支持研究人员快速定位数据，并追溯数据贡献者。该目录未来计划集成计算资源以支持跨源分析，其可持续发展依赖长期资金投入和跨部门数据共享政策的协同。此举将提升生物经济数据的利用效率，推动生物经济全链条创新。

（四）完善数据安全政策与标准

为确保生物经济数据基础设施的安全性并提高其可信度，须加大对网络安全保障及认证系统的投资，并采用最佳实践方法以支持受控数据访问。美国须建立覆盖数据全生命周期的监控与管理机制——从数据生成、存储到应用各阶段均须实施严格防护。生物数据跨机构工作组应持续跟进美国联邦政府部门发布的安全指南，制定联邦数据库的安全标准，并定期开展压力测试以评估系统韧性。

（五）加强生物经济数据人才队伍建设

系统性培养具备数据科学、人工智能等跨学科知识的复合型人才。关键举措包括建立由美国联邦政府主导的培训协调机制，开发覆盖多个教育阶段的生物经济数据课程；通过开展公私合作增强科研成果转化能力；优化招聘政策以吸引高端人才；注重提升多样性及包容性，避免对技术工具的隐性偏见。落实这些举措有助于构建一支能够应对复杂数据挑战以及推动生物制造、精准医疗等领域创新的核心人才队伍。

（六）启动“战略转型优先领域”（START）项目，以评估可行性和影响，并为后续投资制定路线图

生物数据跨机构工作组应聚焦于已确定数据差距的领域，如生物反应器发酵过程数据、非模式生物的多组学表征、工程化非模式宿主的多组学

分析以及高通量表型组成像等。该工作组应优先考虑易于实施的项目，同时美国联邦政府部门也可独立开展相关工作，为政府统筹协调和投资提供机会。该阶段工作的顺利推进，离不开对基础设施的投资。无论这些项目由谁推动，都需要专项拨款支持。单个项目的推进虽然无法实现美国的整体愿景，但是聚焦特定领域可以促进社区参与、技术协作和需求对接，并扩大生物经济数据的覆盖范围。生物数据跨机构工作组所选的短期项目应展示多方面的最佳实践方法，这些方法也可用于其他项目，并为更广泛的数据分析提供参考。

（七）促进跨部门投资与资源整合

依据《生物经济数据倡议》开展行动需要美国联邦政府持续协调参与。为推动相关行动进展，应保留生物数据跨机构工作组（或类似机构），监督《生物经济数据倡议》中相关倡议、计划与政策的落实情况，并提出相关建议。该工作组应制订行动时间表，明确行动所需的联邦资源与法律权限，避免重复工作。确定各项行动优先级，以充分利用人力资源和资金。该工作组应由关键部门和机构领导，并获得 OSTP 等部门的人员支持。依照《联邦咨询委员会法》组建外部专家机构，聘请多领域专家，为推动行动进展提供相关信息和建议。

第三节　加强人才队伍建设

一、美国生物经济领域专业人才现状及问题

人才是推动生物经济发展的基础。在生物经济这一充满创新与挑战的领域中，人才具有至关重要的作用。从基础的研究探索到前沿技术的突破创新，从科研成果的转化应用到产业的蓬勃发展，每一个环节都离不开专

业人才的智慧与努力。他们为生物经济的可持续发展提供了源源不断的动力，是推动生物经济发展的核心力量。

生物经济涵盖的行业范围颇为广泛，包括生物医药、生物农业、生物工业，以及其他与生命科学研究及开发相关的行业。这些行业的创新与发展，涉及健康、气候、清洁能源、粮食安全、供应链以及国家和经济安全等诸多关键领域。这些领域的稳定发展需要众多生物经济专业人才予以坚实保障。

随着生物经济的蓬勃发展，美国对生物领域专业人才的需求呈现出日益增长的态势。若未能为生物领域人才队伍的建设提供充足的资金支持，美国生物经济以及相关产业将面临巨大的风险。2022 年，美国联邦政府为各类培训项目及人才发展计划投入了超过 210 亿美元的资助资金，其中有诸多计划用于支持生物经济专业人才的教育与培训工作，如设立佩尔助学金、开展“注册学徒计划”、开展“职业教育和技术教育计划”等。此外，美国联邦政府还发布了“高级技术教育计划”“新兴技术领域人才发展计划”以及诸多与生物经济领域相关的教育和人才发展计划等。然而，美国生物人才队伍的建设依旧存在多方面的问题。

其一，生物人才结构不合理。例如，在关键生物技术与生物制造领域，男性人才占比约为 55%。在高级管理人才中，性别等方面的结构相对更为不合理。

其二，生物制造能力难以满足生物经济发展需求，在为扩大生物制造产品生产规模提供充足的人才保障方面、在推动产品生产转向中试规模生产的生物制造基础设施建设方面等均较为滞后，致使部分企业为扩大生产规模而转移至欧洲或亚洲地区。

其三，美国联邦政府对美国高校以及生物经济培训计划的资助力度不足，可能会弱化培养与留住熟练技术人才的能力。

其四，美国联邦政府在支持STEM教育，以及构建社区学院和企业之间的伙伴关系方面仍做得不够，未能培养更多的熟练技术人才并创造更多的就业机会。

二、发布未来生物人才培养计划

为解决上述问题，2023年6月，美国白宫发布《生物人才计划》，以扩大美国生物技术和生物制造的教育和就业培训项目规模，加强生物人才队伍建设。

《生物人才计划》明确提出三个方面的主要目标。

一是切实保障美国的教育及培训计划能够契合生物经济领域日新月异的工作岗位与职业技能需求。

二是确保人才队伍的多元化，须涵盖女性群体、农村居民、残障人士、再就业人群以及在生物经济等新兴领域中欠缺代表性的各类群体。要为这些群体提供充分学习生物经济相关工作必备技能的条件，创造公平的就业机会，并保障其能够顺利开展工作。

三是切实确保美国联邦资源能够投入到促进公平的循证教育与培训之中。

《生物人才计划》着重指出，政府、企业、工会、社区组织、社区学院以及其他利益相关者之间的协同合作，对于构建一支多样化的生物经济专业人才队伍具有不可替代的关键作用。基于此，《生物人才计划》提出了五个方面的措施建议，由DOC、DOL、ED、NSF等美国联邦政府部门携手其他利益相关者共同推进并完成。

（一）提升人才多样性

美国亟待通过结构性改革提升生物经济人才多样性。一是以技能为导向进行招聘。美国联邦政府倡导企业取消不必要的学历限制，优先考察应聘者技能。例如，DOL 与 DOC 联合发布《好工作原则》，指导企业优化招聘流程，并根据 2024 财年预算拨款以支持技能培训和技术援助。二是提供支持性服务。ED 发布“校园托儿服务计划”，2023 年拨款 1360 万美元为低收入家庭提供托育服务；USDA 发布“NEXTGEN 计划”，为农业生物技术领域学生提供带薪实习机会并颁发奖学金。

（二）完善以人才为中心的行业战略

美国亟待通过区域性行业联盟整合资源，促进人才供需精准匹配。一是创新区域合作模式。DOC 发布“好工作挑战计划”并拨款 5 亿美元，支持得克萨斯州达拉斯学院与生物企业合作开发学徒制项目，鼓励康涅狄格州劳动力战略办公室推动生物制药企业、社区学院和工会联合培训技术员。二是加强产学研合作。NSF 的生物技术创新教育中心联合美国 39 个州的 134 所社区学院，共享生物制造课程和实训资源；DOD 建立生物制造卓越中心，提供 12 亿美元资助资金支持校企联合研发与人才培养。三是拓展学徒制内容。DOL 将生物制造纳入州学徒拓展计划，提供资金支持企业设置学徒岗位。例如，美国工程生物学研究联盟（EBRC）通过“生物工业制造与设计生态系统”（BioMADE）项目与明尼苏达州社区学院合作培养发酵工程师。

（三）推动教育和培训方法创新

美国亟待推动教育模式革新，以应对技术快速迭代。一是将虚拟现实技术融入学习过程中。NSF 发布“新兴技术领域人才发展计划”，为虚拟实验室开发提供资助，学生可通过模拟操作 DNA 测序仪、生物反应器等设备掌握实操技能。DOE发布“生物能源桥梁计划”，基于美国国家实验室案例开发高中至大学阶段的相关课程。二是建立学分衔接机制。ED推动社区学院与4年制高校开展学分互认。例如，马里兰州社区学院的生物技术证书课程学分可直接转入约翰·霍普金斯大学生物工程专业。三是加强师资能力建设。NSF的产业—大学合作研究中心支持社区学院教师进入企业研修，确保教学内容与产业需求同步更新。

（四）提高学生对生物经济领域岗位的认知

美国亟待缩小“职业信息鸿沟”。一是开展沉浸式宣传活动。NIST资助的“NIIMBL eXperience计划”为部分学生提供为期5周的全额资助的生物制药行业实习机会，2023年受资助学生所在的地理范围扩大至美国的3个州，参与资助计划的学生可通过社交媒体分享职业见闻。二是推动基础教育阶段（K–12）早期介入。北卡罗来纳生物技术中心与辉瑞公司、默克公司合作开发高中阶段的职业启蒙课程，通过播放视频、开展专家讲座等方式展示生物经济领域的工作内容；USDA发布“4–H青年计划”，在美国农村地区开展农业生物技术科普活动。三是开展公共宣传活动。OSTP联合企业举办“STEM职业周”活动，邀请科学家分享成长经历。

（五）完善数据驱动的劳动力生态协作架构

构建数据驱动的劳动力生态系统。一是实时分析劳动力市场。DOL联合ED开发了生物制造岗位技能需求仪表盘，动态追踪美国各州生物制造岗位空缺情况与劳动力技能匹配度。二是完善标准化认证体系。NIST与行业协会合作制定了生物制造技术员认证标准，统一构建技能评估框架；NSF发布“区域创新引擎计划”，推动建立涵盖半导体、生物技术的跨行业技能互认机制。三是建立成果追踪机制。NIH要求培训项目的参与者使用PIDs，以追踪其职业发展轨迹，评估培训有效性。

第六章　加强政策措施保障

除了在数据、原料、人才等关键要素方面给予大力支持，美国联邦政府有关部门还从简化审批流程、优化测量方法、强化安全保障等方面，针对提升基础设施等生物制造产业关键影响要素支撑能力，加强政策保障，出台系列文件。例如，EPA、FDA 和 USDA 于 2024 年 5 月发布《生物技术监管协调的框架：生物技术监管协调框架下的监管改革计划》（以下简称《生物技术监管协调的框架》），进一步优化产品审批流程；NIST 发布《美国生物制造经济：增加值、供应链、成本、可持续性和效率》（以下简称《美国生物制造经济》），加强对生物制造产业规模的测量和评估；HHS 与 DHS 于 2024 年 12 月联合颁布《生物经济背景下生物安全与生物安保创新行动计划》（以下简称《生物安全与生物安保计划》），兜牢产业发展的底线。

第一节　简化产品审批流程

一、现有监管架构

（一）监管体系

美国自 1986 年发布《生物技术监管协调的框架》以来，逐步形成了以 EPA、FDA 和 USDA 为核心的监管体系。其中，EPA 负责农药登记、环境风险评估及食品中农药残留限量标准的制定；FDA 负责监管食品、饲料安全，药品、生物制品及医疗器械；USDA 负责保护农作物和动物健康，并加强转基因作物监管。

（二）协调体系

为应对技术复杂性，美国建立了多层次的协调体系。

一是构建法定协作框架。①签署谅解备忘录。签署 5 类专项协议，如 2021 年的《动物生物技术监管框架备忘录》调整了 FDA 与 USDA 在农业动物生物技术领域的管辖范围。②成立联合审查小组。针对复杂产品的审查，成立跨机构专家团队，如设立可食用植物疫苗审查组。③建立数据互认制度。例如，USDA 向 EPA 提供植物安全性数据，以便用于农药审查。

二是搭建信息共享平台。①开发生物技术法规导航平台。可集成法规检索、案例导航、交互式流程图等工具，支持用户进行个性化路径规划。②部署监管同步与整合中心系统。可实时追踪两千余项在审项目的状态，智能预警超期风险，提升审评效率。

（三）监管流程

一是对产品进行分类监管。①植物类：USDA 对转基因植物进行植物害虫评估→ EPA 对植物内源式农药（PIP）进行登记→ FDA 对转基因植物的食品安全性进行评估。②动物类：FDA 审查基因编辑动物的安全性→ USDA 监管农业动物的整体健康状况→ USDA 下属的食品安全检验局负责检验肉类食品。③微生物类：EPA 对微生物产品进行环境风险评估→ USDA 对微生物产品的植物害虫属性进行审查→ FDA 检测与食品接触的微生物。

二是对产品风险进行分级评估。①低风险产品：实行豁免政策或简化审查程序。例如，对于工业酶制剂、非食用微生物等产品，开发者仅须提交自我声明（依据 40 CFR 174.5[①]），即可获得豁免。②中风险产品：开展跨部门联合审查。以基因编辑作物为例，须先通过 USDA 的植物害虫评估（依据 7 CFR 340.21）和 EPA 的 PIP 登记审查。③高风险产品：启动全流程评估。例如，人类基因治疗产品开发者须提交完整的临床试验数据（依据 21 CFR 1271），接受 FDA、CDC 等多部门联合审查。

三是全生命周期管理。①研发阶段：FDA 提供预咨询服务。②临床试验阶段：动态调整审查标准。③商业化阶段：建立不良反应监测系统。

（四）存在问题

随着基因编辑、合成生物学等技术和理论的加速发展，美国原有监管框架逐渐暴露出协调能力不足、效率低下等问题。

一是管辖范围交叉与重复监管。例如，基因编辑微生物可能同时受到 EPA 和 USDA 的监管，但这两个部门的审查标准存在差异，存在要求重复提交数据、平均审查周期超出原定标准等问题。

二是豁免机制存在争议，透明度不足。2023 年，EPA 简化了基因工程生物进口与环境释放的评估框架，引发消费者的质疑与担忧。FDA 用于评价食品添加剂安全性的“公认为安全”（GRAS）认证程序透明度不足，大部分美国民众对其认证结果存疑。

三是技术适配性有待提升。现有监管框架未明确对经过合成生物学技术改造的工程化生物体的监管规则，如人工合成病毒的环境释放标准。FDA 与 USDA 的管辖范围划分仍存在争议。2024 年，二者发布联合监管计划，但尚未完全解决这一问题。

四是审查效率低下。2023 年，FDA 因临床试验数据不足和数据重复

---

① 40 CFR 174.5指的是美国联邦法规第 40 卷第 174 部分第 5 节。下文出现类似表述，含义以此类推。

提交问题，导致平均审查周期超过原定标准时间，部分药物研发周期被迫延长。

二、未来改革计划

2024 年 5 月，EPA、FDA 和 USDA 发布的《生物技术监管协调的框架》，为各相关机构应用生物技术生产产品提供了指导规范，以提高监管清晰度，简化监管流程，减少监管冗余，并在整个协调框架下加强对特定产品的监管。

（一）对改良植物的监管

对改良植物的监管面临多重挑战，包括审批流程烦琐、PIP 审批范围不明确、对基因编辑植物和新品种的监管方法缺乏、食品安全问题频发、重复监管等。为应对这些挑战，美国联邦政府相关部门采取了多项措施。

一是简化审批流程。① USDA 计划缩短监管状态审查（RSR）时间，引入人工智能工具快速检索文献，优化监管审批流程，并探索取消部分植物的跨州运输许可，推出“多年期许可证”。② EPA 将明确简化 PIP 注册审查流程，并确保其与非简化版的注册审查流程的一致性。EPA 计划更新抗虫蛋白 PIP 的审批指南，明确对数据的要求，以减少重复测试。EPA 还将对使用基因编辑技术生产的 PIP 采取审批豁免措施。③ FDA 将发布“基因编辑植物食品指南”，明确自愿咨询流程，简化安全性评估步骤。

二是简化许可程序。在与 EPA 和 FDA 协商后，USDA 将探索对部分植物豁免州际运输许可要求，并为特定植物创设“简化许可证”类别，精简进口及州际运输许可条件优化流程，同时保留必要的检查记录。此外，USDA 还将简化转基因植物州际运输及进口许可证的申请审查流程，明确申请材料清单（如基因序列信息、环境与食用风险评估报告等），并提供在线填报模板，以提升申请效率。

三是加强对转基因植物的监管。EPA、FDA 和 USDA 计划进一步明确对基因编辑植物的监管措施，并确保监管要求与风险等级严格适配。对于通过传统育种方式可以实现某些性状（如抗虫、抗旱等），且未引入外源基因、无新增风险（如无毒性物质积累）的基因编辑植物，拟采取豁免措施。

四是简化生物工程食品清单更新流程。USDA 将“信息征求”替换为“预规则通知”，每半年更新一次《生物工程食品清单》；开发“标签合规性自查工具”，企业输入产品基因特征后，该工具即可自动生成是否需要标注的建议。

（二）对改良动物的监管

对改良动物的监管面临的主要挑战，包括监管流程不明确、对转基因昆虫和其他无脊椎动物的重复监管等。为应对这些挑战，美国联邦政府相关部门采取了以下措施。

一是优化分工协调机制。FDA 和 USDA 签署了谅解备忘录，以阐明对动物基因组改造的监管作用和责任，并明确由 FDA 负责安全性评估，由 USDA 负责食品标签标注；同时，两个部门共享产品审查数据，避免重复测试。

二是明确对有意改变动物基因组的监管要求。FDA 发布两份指南：一份阐述了基于风险的监管方法，对有意改变基因组（IGA）产品行使执法自由裁量权；另一份规范了批准程序，使审批流程更顺畅。

三是加强对细胞培养食品的监管。FDA 和 USDA 保持密切沟通。FDA 发布了咨询程序指南草案，USDA 出台了肉类产品标签新规并发布指南，加强对此类食品的安全监管。自 2019 年以来，FDA 和 USDA 的工作人员通过定期的交流，及时分享培养动物细胞食品领域的市场及技术发展动态。

四是对转基因昆虫加强监管。EPA、FDA 和 USDA 提供最新信息，简化转基因昆虫监管流程，并加强各部门监管协同，确保对转基因昆虫的监管工作更加高效。

五是对基因改造成效进行评估。EPA 针对转基因蚊子等产品制定了相关指南，确保其在害虫防治中发挥实际作用，保障公共健康。

（三）对微生物制品的监管

对微生物制品的监管面临的主要挑战，包括监管部门角色和责任不明确、重复监管、部门间缺乏沟通等。为应对这些挑战，美国联邦政府各相关部门采取了以下措施。

一是建立跨部门协作机制。EPA 与 USDA 聚焦食品与水传播的病原微生物，构建了从危害识别、剂量—反应评估到风险表征的完整框架，联合制定《微生物风险评估指南》，明确小规模试验的协同审查流程。例如，USDA 负责监管农业源微生物、EPA 负责评估环境释放微生物的生态与健康风险、FDA 负责评估食品添加剂中微生物的安全性。部门间共享风险评估模型，如 USDA 的植物病虫害扩散预测模型与 EPA 的生态风险评估矩阵实现数据互通。

二是建设信息共享平台。开发跨机构数据库系统，整合 EPA 的 PIP 登记数据、USDA 的植物保护数据及 FDA 的食品微生物安全数据。该系统设置分级权限，企业可在统一入口提交数据，系统自动识别监管归属并推送至对应部门。

三是试点监管豁免项目。选择工业酶制剂、生物燃料生产菌等低风险领域，开展监管豁免试点。例如，符合特定安全标准的用于生产工业酶的菌株，经 EPA 与 USDA 联合认证后，可获得豁免环境释放许可。试点期间建立动态评估机制，每季度召开跨部门评审会，根据实际案例调整豁免标准。

四是明确监管范围与豁免机制。USDA 组建跨学科专家委员会（含分类学家、植物病理学家等），采用人工智能辅助分类技术建立实时更新的植物害虫数据库。例如，利用深度学习算法分析植物病虫害情况，自动识别潜在害虫种类。实施清单“红—黄—绿”分级制度：红色类需要全程监管，黄色类需要部分许可，绿色类豁免监管。针对用于生物防治的微生物开发“快速通道”豁免程序，并开展“‘微生物工厂’监管沙盒计划”，允许企业在封闭设施内进行新型工业微生物的中试生产。

五是提供生物农药技术援助并开展优先审查。EPA 优先审查生物农药，并提供技术援助，以支持生物农药的创新和应用。

（四）对人类药物、生物制品和医疗器械的监管

对人类药物、生物制品和医疗器械的监管面临的挑战，主要集中在无菌加工、验证和测试程序、质量指标报告、多种产品制造、批次放行和产品特征要求、药物主文件交叉引用、无菌保证和污染控制、动物试验要求等方面。为应对这些方面的挑战，美国联邦政府各相关部门采取了以下措施。

一是更新药品的化学成分生产和控制（CMC）变更规则。FDA 结合国际人用药品注册技术协调会发布的《药品生命周期管理的技术和监管考虑》提供的框架和工具，构建“三级变更管理体系”（微小变更由企业自主实施，仅需要在年度报告中提及；中等变更，提交后 45 天无异议即可实施；重大变更需要提交补充申请并通过审批）。针对生物类似药制定“可靠性评估矩阵”，建立生物类似药变更案例库，收录已批准的 127 个变

更案例，供企业参考。

二是制定基因组编辑产品监管指南。开发基因编辑风险评估模型，只要输入载体类型、编辑位点等参数，即可自动生成风险等级报告。实施“基因治疗平台认证”制度，对符合条件的基因治疗平台技术给予以下政策优惠：具备优先审查资格——标准审查周期缩短30%；减免费用——申请费降低50%；跨机构协作——由USDA协助解决细胞培养原料的生物安全问题。

三是更新细胞和基因治疗产品效力保证指南。开发效力检测标准化试剂盒，包含12种关键检测方法，在通过FDA认证的实验室中可实现检测结果的互认。针对嵌合抗原受体T细胞免疫疗法（CAR-T疗法）制定专项指南，对生产过程实施实时质控，建立患者特异性T细胞库，设置治疗后6个月的免疫监测期等。

四是多方合作加速基因疗法开发。多方合作建立定制基因治疗联盟，加速对罕见病的治疗。开发“基因疗法设计器”等在线工具，研究人员只需要输入疾病特征，即可获得候选治疗方案。

（五）跨领域监管问题

跨领域监管问题主要包括监管信息的不明确、对开发者的帮助不够、部门间协同难且信息共享存在障碍等。为解决这些问题，美国联邦政府相关部门采取了以下措施。

一是增强监管信息的明确性，并加大对开发者的支持力度。EPA、FDA和USDA在统一网站发布监管信息并持续更新，开展项目试点并开发网络工具；建立早期沟通机制，优化网站设计，使开发者能便捷地获取监管指导。

二是加强监管部门间的协作配合。更新信息共享谅解备忘录，扩大协同范围并优化信息共享机制；共同更新《生物技术监管协调的框架》，每 2 年进行一次检查更新，以确保其时效性和科学性；在统一网站上发布产品监管摘要，进一步提升监管效率。

第二节　优化产业测算方法

生物技术与生物制造正逐步成为推动全球经济发展的关键力量，在医疗保健、食品、农业以及能源等诸多领域发挥着至关重要的作用。作为新兴产业，生物经济的概念内涵及外延均处于不断发展变化之中。麦肯锡咨询公司曾明确指出，到 2030 年，生物技术极有可能对全球 60% 的实物产品生产形成直接影响。在此背景下，构建标准化的术语体系，对于确保美国公众在生物经济概念、数据、技术发展以及人才培养等多个层面达成共识，有着极为重要的意义。

然而，美国在生物制造产业规模测算方面仍存在一定不足，缺乏对相关经济数据的跟踪以及对细分领域的监测。现有的大部分数据是依据产品类型而非基于生产方法进行统计的，致使生物制品与非生物制品往往难以区分，从而无法对生物制造产业发展情况进行精准评估。目前，美国未针对生物经济数据展开专门的跟踪并进行细分。大部分经济数据是依照 NAICS、NAPCS 代码来划分的。这些代码主要是按照产业、产品类型进行定义的，并非基于生产方式。因此，生物制品与非生物制品通常被归为同一类别，这使得生物经济的实际规模和贡献难以被准确评估。

一、发布术语词典

在生物经济蓬勃发展之际，为了确保美国社会各界对于概念、数据、技术发展以及人才培养等方面形成一致理解，拥有标准化的术语和定义是至关重要的。这不仅有助于减少美国社会各界因理解差异而产生的沟通障碍，也能为生物经济领域各项工作的顺利开展奠定坚实的基础。为了助力开发出由人工智能赋能的，可支持规模测量、风险评估以及机器学习等应用的生物经济测量方法，2023 年 6 月，NIST 经过深入研究、广泛调研和精心筹备，正式发布了《生物经济词典》。

《生物经济词典》涵盖了生物经济从基础研究到产业应用的完整链条。在基础生物技术方面，它明确界定了生命科学、生物材料、生物数据等关键概念，为产业发展奠定了概念基础。在制造层面，它明确定义了生物制造、生物转化以及生物合成等核心工艺，并为生物反应器等关键设备的技术要求制定了详细的规范。在产品层面，它对生物基产品、生物燃料、替代蛋白等新兴产品的类别进行了界定，为产业发展方向提供了清晰指引。

此外，《生物经济词典》也具有鲜明的创新特征。首先，该词典运用的分类体系具有多维度应用价值。在经济价值测量方面，它通过统一的定义和分类，可以准确评估生物经济的规模、增长速度和贡献。在风险评估方面，它明确了概念界定，有助于识别和防范生物安全风险，为监管部门提供清晰的评估标准。在人工智能应用方面，它建立了标准化的术语体系，为数据采集、算法开发和模型训练提供了基础支撑。其次，该词典采用词汇动态更新机制，体现了与时俱进的特点。NIST 明确表示这是一份“活文件”，将定期征求政府和私营部门利益相关者的意见，及时更新词汇。这种机制既确保了术语定义的时效性，也为新兴领域和技术词汇的纳入预留了空间。生物经济正在快速发展，部分术语和定义可能随时间变化而改变。《生物经济词典》旨在成为一份动态文件，以持续更新词汇表中的术语和定义。

二、设定卫星账户

国民经济核算体系是管理国民经济核算方法的国际统计标准，具有高度的严谨性和一致性。但同时，用户必须按照事先统一定义的概念模式来应用这套体系及其提供的数据，这在一定程度上限制了其灵活性，难以满足用户的多样化需求。特别是，对于概念尚未达成共识的生物经济、生物制造等新兴领域，相关工作人员无法按照事先统一定义的概念模式进行统计、汇总。尽管 NIST 在《生物经济词典》中，对生物经济和生物制造等概念和定义进行了界定，但其给出的范围仍然比较宽泛，也尚未明确具体的产业范围，难以进行统计分析。因此，可以参照以往海洋经济、数字经济、户外休闲以及艺术文化等领域的做法，通过设定卫星账户的方式，对相关产业规模进行统计测算。

卫星账户是以国民经济核算体系中心框架为基础，专门针对一些在标准行业分类下难以识别或不易准确衡量的特定领域或产业，提供补充性的测量标准和分析工具。卫星账户的应用，既避免了对国民经济核算体系严谨性、统一性的破坏，又扩展了国民经济核算体系的分析功能，为满足不同测算需求提供了工具。例如，卫星账户可以展示特定领域或产业的变化趋势，并可用于与其他领域或产业进行比较分析。由于卫星账户采用的数据和方法与国民经济核算体系采用的数据和方法一致，因此可准确确定卫星账户涵盖的领域在国民经济中的占比。此外，卫星账户具有较强的灵活性，同一个产品和行业可以被多个卫星账户同时包含，这使得卫星账户具有较高的灵活性和适应性。

2023 年 3 月，BEA 发布了《开发衡量生物经济对经济贡献的国家指标体系》，阐述了开发生物经济卫星账户的三个主要步骤。

第一步，按照《生物制造行政命令》以及《生物经济词典》的概念定义，在卫星账户的供给使用表中识别相关产品类别。这需要先明确被衡量对象的定义，清晰界定哪些类型的商品和服务可直接构成每个主题领域。供给使用表中的产品分为两类：中间投入产品和最终需求产品。中间投入产品是指在其他产品生产过程中消耗的产品和服务。最终需求产品是指用于“最终消费”的产品和服务。对于卫星账户，通常只需要识别最终需求产品，因为中间投入产品在供给使用表中已被自动核算。

第二步，必要时在产品经济总额中分离出相关产品的经济份额。供给使用表中包含数千个产品类别，这些类别通常比较具体，但也并非总是如此。例如，供给使用表中有木制活梯、木制横梯和金属梯三类梯子的生产数据，但统计工程服务相关数据时通常只涉及一种梯子的数据。因此，需要从供给使用表中精准地剥离出与工程服务相关的产品数据。能否在供给使用表的通用产品类别中准确分离出特定生产数据，关键在于能否获取一致且高质量的外部数据源。在理想情况下，可优先使用美国联邦政府其他部门的数据，这些数据通常更具代表性且响应率远高于私营部门的数据。当政府部门的数据不可用时，可以尝试从第三方机构获取数据。

第三步，利用供给使用表计算行业增加值、就业和薪酬等数据。识别出相关产品并分离出相关经济活动后，就可以运用供给使用表计算经济统计数据。卫星账户统计数据应包括按 NAICS 划分的行业增加值、就业和薪酬数据。

三、评估产业规模

NIST 明确了生物经济的定义，确定了“生物制造”以及更狭义的“先进生物制造”的范围，估算了两者的增加值及在美国经济产出中的占比，并对两者对环境产生的影响以及资产规模、物料流动时间、燃料使用情况等方面进行分析，以衡量生物制造对美国经济产出的综合价值。

(一) 明确定义

关于生物经济或生物制造，不同国家和地区基于不同的理解和需要，给出的定义也有差异，因此还未达成共识。例如，欧盟认为“生物经济包括生产可再生生物资源并将其转化为食物、饲料、生物基产品和生物能源。它包括农业、林业、渔业、食品、纸浆和造纸生产，以及化学、生物技术和能源工业中的一部分”。根据欧盟给出的定义，生物制造一般包括食品制造业、饮料制造业、烟草制造业、部分纺织制造业、部分服装制造业、皮革及相关产品产业、木制品产业、纸制品产业、部分化工制造业、部分制药业、部分橡胶和塑料制造业、部分家具制造业以及其他一些非制成品产业。

在美国，2022 年 NIST 在《生物经济词典》中对生物经济和生物制造的定义，与欧盟的定义比较接近，可以视作广义上的定义。该词典认为，“生物经济是源自生命科学的经济活动，重点包括生物技术和生物制造领域相关行业、产品、服务和劳动力”，“生物制造是以生物系统为载体，实现产品的规模化生产和服务的规模化运营”。根据美国联邦政府其他部门发布的定义，生物经济的范围相对更窄，可以视作狭义上的定义。例如，2012 年美国白宫从生物技术视角对生物经济的概念进行界定，认为“生物经济是以生物科学的研究和创新为基础，通过创造经济活动和公共利益来推动发展的经济形态”；2019 年美国护航生物经济专家委员会认为，“美国生物经济是由生命科学和生物技术的研究和创新驱动的经济活动，并可由工程、计算和信息科学的技术进步推动其发展”。在这些定义中，生物制造一般不包括烟草制造业、皮革制品产业、木材制造业、纸制品产业、家具制造业和服装业以及其他非制成品行业。

NIST 综合采用欧盟及美国联邦政府其他部门发布的相关定义，在具体测量过程中，将广义上的生物制造定义用于指代“生物制造”，狭义上的生物制造定义则用于指代“先进生物制造”。此外，在衡量生物制造直接增加值时，仅考察在产品生产过程中使用生物制造相关技术的行业；对于生物制造的生产装备制造等相关行业，其增加值被计入供应链等间接增加值范围内。只有当产品的主要商品价值来自生物原料时，该产品才被视为生物制造产品。此外，先进生物制造主要包括但不严格限于细胞培养和原料种植活动，也不限于使用高度专业化设备以非机械手段改变生物质原料性质的经济活动。

（二）确定范围

《美国生物制造经济》在估算生物制造的直接增加值时只考虑了使用生物制造生产方式生产商品的行业，但在估算间接增加值时计入了供应链上下游相关项目。

一是食品和饮料制造业（NAICS 代码分别为 311000 和 312000）。其生产过程包括但不限于对生物原料进行灌装、发酵、冷冻、巴氏灭菌、熏制、研磨、碾磨以及添加盐、糖、脂肪和加热等。其中，部分采用发酵等非机械方式生产的产品则被列入先进生物制造范围内。

二是生物制药及药品业（NAICS 代码为 3254）。生产活性药物成分须经过在生物反应器中发酵并产生活性药物成分、从发酵材料中获取细胞、使用色谱法分离出目标材料以及净化、抛光材料和质量控制检查等环节。这些全部被列入先进生物制造范围。

三是生物塑料（没有指定的 NAICS 代码，但可归入“塑料及橡胶制品制造业”，NAICS 代码为 326）。生物塑料由植物油、淀粉等天然材料制成，在全部塑料产品中占比相对较小。与传统石化基塑料相比，生物塑料具备可降解性。例如，聚乳酸生物塑料的主要制造方法是将玉米与二氧化硫和热水混合，进行成分分解，再将其与其他成分混合；聚羟基脂肪酸酯生物塑料通常是采用从生物原料中提取的微生物制造的。

四是生物燃料等生物化学品。乙醇和生物柴油是两种主要的生物燃料。乙醇（NAICS 代码为 325193）有多种用途，可作为商品出售。生物柴油对应的 NAICS 代码为 324110（炼油厂生产的生物柴油燃料）、324199（非炼油厂生产且与采购的精炼石油混合的生物柴油燃料）、325199（非炼油厂生产且未与石油混合的生物柴油燃料），但在计算生物制造规模时只计入了 NAICS 代码为 325199 的非炼油厂生产且未与石油混合的生物柴油。因为其他两种都包含石油，更偏向生物柴油混合物。

以上行业和产品全部包含在生物制造范围内。除此之外，生物制造还包含烟草（NAICS 代码为 3122）、纺织品（NAICS 代码为 313 和 314）、服装（NAICS 代码为 315）、皮革（NAICS 代码为 316）、木制品（NAICS 代码为 321）、纸张（NAICS 代码为 322）和家具（NAICS 代码为 337）等行业。

（三）评估结果

生物制造行业增加值估算方法与国内生产总值估算方法一致，避免了重复计算生产价值，并且可使用常用经济指标。在估算过程中会利用多个制造业数据集，并使用多种方法进行评估。其中，生物制造规模主要是基于行业专家调研结果并结合行业内统计数据进行估算，而先进生物制造规模则使用劳动力数据进行估算。评估内容涉及生物制造的环境影响、投资水平、流通时间、燃料及电力成本等，分别使用环境扩展的投入产出分析法来估算环境影响、经济投入产出分析法来估算供应链成本，并通过对中小型制造企业进行调研分析来确定提高生物制造效率的途径。

根据上述方法，生物制造和先进生物制造的增加值被分别估算出来。2019 年，美国先进生物制造的直接增加值约为 946 亿美元，而生物制造的直接增加值约为 4388 亿美元。如果计入上下游供应链和其他间接附加值，先进生物制造的总增加值约为 2599 亿美元，生物制造的总增加值约为 13638 亿美元。

第三节 强化生物安全保障

依托于科学诚信、公平竞争及开放协作的科研生态与产业发展环境，美国生物制造领域取得显著进展，生命科学前沿研究实现突破性创新，并推动社会发展产生深刻变革。然而，生物技术的迭代升级与生物制造产业规模的扩张亦可能引起前所未有的潜在风险，具体表现为对人类健康、动植物生态系统、生态环境乃至经济安全构成系统性威胁。尽管生物安全治理与核能、化学等传统高危领域存在一定程度的共通性，但鉴于微生物菌种及其代谢产物在实验室研究、工业生产及现实场景中的多维度渗透，加之生物系统固有的复杂性、自我复制能力、环境适应特性及跨区域扩散潜力，该领域亟待构建具有学科交叉特性的综合治理范式以加强风险管理。

为有效应对生物技术快速发展及其跨领域应用引起的生物安全风险，HHS 与 DHS 于 2024 年 12 月联合颁布《生物安全与生物安保计划》。该计划将生物安全风险管理纳入生物技术创新体系的核心环节，着力构建“安全赋能发展，发展反哺安全”的战略闭环。为实现上述愿景，该计划确立了六大核心目标：①强化美国联邦政府层面对生物风险治理体系的认知与统筹能力；②系统评估生物安全研发及风险评估体系的关键薄弱环节；③

构建动态优化的最佳实践机制，实现生物经济领域安全要素的优先配置；④推进跨部门协同治理，确定风险管控优先级并促进管理模式创新；⑤建立政府主导、学研联动、产业协同、社会参与的多元共治格局；⑥全面推进生物安全标准在各生物经济关联部门的深度实施。

为实现上述核心目标，该计划提出三项核心建议。①进行生物安全研究及风险评估，着力夯实基于实证的生物风险治理数据支撑平台，包含基础科学与应用科学研究、社会认知与行为模式研究、系统性风险评估方法论研究及技术工具开发。②推进生物风险治理体系建设，重点实施三大建设工程：生物风险管控策略矩阵与缓释技术集成、生物经济领域专业人才梯队培育计划、生物风险治理领域人才职业发展通道构建。③培育协同发展的生物安全文化，通过以下路径实现治理效能跃升：跨领域最佳实践共享网络构建；以公众参与为驱动的生物经济信任体系建设。

一、构建数据驱动型生物风险治理范式

高质量综合数据资源作为支撑性基础要素，是保障生物经济发展质量与生物经济安全的关键基石。为充分释放生物技术与生物制造领域的创新潜力，亟须系统掌握其衍生的生物安全与生物安保风险特征。《生物安全与生物安保计划》建议通过系统性推进机理探究、应用开发与社会行为分析，并结合全面风险评估体系，为生物经济各领域专业机构提供科学决策依据，助力循证型管理机制的优化升级。

（一）强化基础研究与应用研究创新驱动

针对生物安全与生物安保的科学认知瓶颈，美国联邦政府各相关部门应着力开展生物风险关键要素研究，重点聚焦风险识别、影响评估及综合治理等核心领域。研究体系应实现与现有生命科学计划的有机衔接，同步

推进专项研究布局。优先发展方向包括以下五个方面。

一是检测与暴露预警体系。研发新型传感装置与监测系统，强化对实验室生物安全及生物制造过程中的环境释放、人员暴露等场景的实时监控能力。

二是生物安全屏障技术。开展生物材料围控效能评估，创新生物污染防控策略与应急处置方案。

三是智能分析技术集成。运用人工智能与机器学习技术构建风险预测模型，开展结构—功能关联分析，提升供应链生物安全保障水平。

四是生物安全影响评估。系统研究生物技术应用对从业人员、公众健康及生态环境的潜在影响，建立危害识别与早期预警指标体系。

五是风险缓释技术攻关。开发新型个体防护装备、智能检测系统、基因编辑调控技术及网络安全防护体系。

（二）强化社会科学研究的支撑作用

面对生物经济快速发展带来的新型安全挑战，亟须构建风险认知与行为分析的双维研究框架。通过解构风险传导机制与人类行为模式的内在关联，持续优化风险评估模型与管理策略。为提升公众信任度与政策执行力，生物技术研发与应用需要关注以下四个方面。

一是人因工程研究。解析生物安全事故中的人为失误机理，确立关键风险控制节点，研发智能化风险阻断技术。

二是组织行为学应用。探究安全管理措施的采纳障碍与优化路径，提升安全防护措施执行效能。

三是全周期成效评估。建立多维度评价体系，系统分析风险管理方案的可行性、成本效益比及实施效果。

四是伦理治理框架构建。前瞻研判生物技术发展引发的伦理争议，培育审慎包容的创新文化，健全制度规范与行为准则。

（三）构建系统化风险评估体系

伴随生物技术创新与产业变革的加速演进，传统风险评估范式面临新的挑战。美国联邦政府将通过实施“生物安全与生物安保创新倡议”（BBII）推进以下战略举措。

一是建设评估标准体系。建立覆盖实验室运营全周期的标准化评估框架，建立量化绩效指标体系。

二是绘制生物制造风险图谱。开发涵盖工艺缺陷识别、自动化技术应用等要素的全链条风险评估模型。

三是评估供应链弹性。构建从原料采购至终端产品产出的全流程安全评估机制，强化供应链风险预警与应急响应能力。

四是开展技术动态监测。建立常态化技术扫描机制，实时追踪生物技术前沿进展，迭代升级风险管理工具。

二、强化生物安全风险防控的人力资源能力建设

管控生物经济的生物安全风险须采取系统性协调方法，这主要是因为生物材料具有应用广泛性、技术复杂性等特征。高效运作的生物经济体系应建立在循证风险管理实践基础之上，并由具备专业资质的从业人员实施全流程监管。《生物安全与生物安保计划》建议，美国联邦政府各部门应协同利益相关者制定行业专属风险管理规范，同时建立专业化人才队伍。该计划认为，在专业化人才队伍的支撑下，美国生物经济各领域从业者将有效提升风险预判、识别及管控能力。

（一）完善生物安全风险管理战略体系与风险缓释工具

美国联邦政府各部门应通过系统性评估生物经济领域的潜在风险与实

践现状，强化跨部门战略协同与技术工具开发。重点推进以下六个领域的工具研发进展。

一是基础设施韧性体系建设。构建具有适应性的生物技术与生物制造基础设施韧性体系，提升应急响应与灾后恢复能力，提高全链条供应链稳定性；建立专项财政保障机制，实施动态化突发事件风险评估与应急处置方案。

二是技术资源开发。研发先进生物安全技术，建立标准化最佳实践在线知识库，促进生物安全技术标准与操作规范的共享共用，重点涵盖病原体灭活规程、实验设施去污程序等关键技术模块。

三是政策资源整合。持续加大资源投入与数据采集力度，系统评估现行生物技术政策法规的实施效能；加快新型生物安全政策框架的制定与落实。

四是关键设施升级。完善美国联邦生物防护设施网络建设，优化个人防护装备配备标准；推动基础设施韧性提升工程的标准化实施。

五是安全设计理念强化。将全生命周期风险管理理念贯穿研发创新全过程，审慎选择高风险技术路径，建立完善的售后技术评估与迭代改进机制。

六是数字安全保障加强。研发智能化生物系统网络安全防护工具，重点防范数据泄露、自动化控制系统异常及人工智能算法漏洞等新型安全风险。

（二）构建生物安全与安保素养培育体系

面对日益激烈的全球生物经济竞争态势，亟须培养具备复合型生物安全与安保技能的专业人才。将生物安全核心要素融入各层级人才培养体系，对于构建专业化人才队伍和培育生物安全文化具有重要意义。《生物安全与生物安保计划》建议，美国联邦政府应主导实施全维度生物安全教育计划。

一是构建核心能力框架。确立生物安全关键技能标准体系，为行业人才培养提供科学指引。该标准体系应作为职业资格认证与继续教育项目推进的基准依据。

二是推动教育培训标准化。基于国际最佳实践评估结果，开发模块化生物安全培训课程体系；鼓励美国联邦资助机构建立开放共享的数字化培训平台，推动生物安全文化建设实现组织渗透与领导层引领的双重保障。

三是开展行业专项能力建设。深化产学研合作机制，开展定制化生物风险管理培训项目；建立可复制的教育培训模式，构建动态更新的知识更新系统以应对技术变革挑战。

四是建设科研人才梯队。持续优化现有生物安全培训与科研资助体系，强化高层次专业人才培养机制。

（三）拓宽职业发展通道与增强专业能力建设

《生物安全与生物安保计划》建议，美国联邦政府应将生物安全风险管理人才战略置于优先推进落实地位，通过制度创新确保生物经济的可持续发展。

一是加强人才储备。依托 STEM 教育体系改革与产业界深度合作，建立高素质生物安全风险管理人才孵化机制，在全美范围内形成专业化人才集聚效应。

二是创新教育培训体系。拓展现行培训项目覆盖范围，构建循证导向的生物安全能力培养框架；建立跨区域经验分享网络平台，精准识别行业培训需求，深化国际交流合作。

三是建设职业资格认证体系。开发分级分类的培训项目，建立与岗位能力要求相匹配的评价标准；强化美国联邦政府部门间的协同联动，完善职业资格认证激励机制。

四是规划职业发展路径。搭建清晰的职级晋升通道，完善专业责任体系；在美国联邦政府资助的实验室及生产设施中推行生物安全管理负责人制度，并将其纳入行业标准规范体系。

三、构建跨部门的生物安全治理体系

加强生物安全风险管理须建立动态优化机制，通过跨部门协同创新、安全文化建设及提升公众信任度等方式实现治理效能提升。《生物安全与生物安保计划》建议，应构建覆盖美国联邦政府部门、科研院所、产业界及非传统参与主体的协同网络，特别注重汇聚小型实验室、初创企业等新兴力量；在保持必要透明度的前提下，建立分级信息披露机制，既保障公众知情权又保护知识产权。

（一）构建生物安全协作网络

生物经济领域的所有参与者都是识别和降低生物安全风险的重要力量。美国公私合作机构和实践社区为共享研究成果和最佳实践案例提供平台，从而系统性降低生物经济风险水平。《生物安全与生物安保计划》建议，美国联邦政府部门应通过以下方式促进国际合作。

一是建立跨国实践社群。设立专项基金支持生物安全专业组织发展，搭建政企研协同平台，促进国际标准对接与最佳实践共享；重点增强私营部门在建设风险监测预警体系中的参与度。

二是创新合作范式。依托现有国际组织框架，建立生物安全卓越中心，定期举办多边研讨会并开展技术演练；推行行业认证制度，完善专业人员资质认证体系。

三是参与全球治理。合作建立跨境生物风险联合监测机制，助力应对全球生物安全公约风险挑战。

（二）完善生物安全文化培育机制

生物安全文化建设能够影响包括问题报告、事件影响和风险沟通在内的风险管理各方面。《生物安全与生物安保计划》建议，美国联邦政府应激励相关机构强化生物经济中的生物安全文化建设。强化措施包括以下三个方面。

一是加强制度保障。完善生物安全管理制度体系，将生物安全绩效纳入机构考核指标。建立分级分类培训机制，重点培养领导者的风险管理能力。

二是建立激励机制。推行生物安全信用评级制度，对优秀机构给予科研资助优先权。设立生物安全创新奖，推动前沿技术突破。

三是强化透明治理。构建标准化事件报告系统，建立非惩罚性不良事件上报机制。完善数据治理框架，实现科研数据安全共享与风险可控的平衡。

（三）创新公众参与模式

提升公众对生物经济的信任度对推动创新和维护公共利益至关重要。这需要政府、行业协会和公众之间加强有效沟通与合作。《生物安全与生物安保计划》建议，美国相关组织必须了解并回应公众对生物安全和生物技术的关切，以增进其对发展生物经济的重要性的理解。

一是建立精准科普体系。开发分众化科普产品矩阵，针对不同受众群体设计差异化传播方案；重点加强生物安全、基因技术伦理等基础知识的普及。

二是加强参与式治理。建立美国生物安全公众咨询委员会，定期举办公众听证会和技术说明会；运用数字孪生技术开展虚拟实验室体验等新型科普活动。

三是建立媒体合作机制。组建美国生物安全专家智库，建立舆情响应联合工作机制；开发可视化科普资源库，通过短视频、互动游戏等形式传播科学知识。

四是加强教育体系建设。推动生物安全通识教育纳入高等教育课程体系，开发在线课程；设立生物安全青少年科创竞赛，培养未来科研人才的生物安全风险意识。

第三篇

美国生物制造政策的项目实施与智库推动

美国相关部门除按要求出台系列政策文件外，还积极布局项目建设，以促进美国生物制造产业发展。DOD、DOC、DOE、NSF 等美国联邦政府部门，根据自身职责，从提升生物制造生产能力和生物技术创新能力、支持生物质能源开发以及布局产业链等方面加大对生物制造项目的支持力度。EBRC 作为长期支持生物制造相关工作的重要智库机构①，先后发布了十多份白皮书文件，内容包括加强标准体系建设、加强平台管理、加强学科建设和人才培养、加强基础研究和工程转化等重要方面。EBRC 在积极响应《生物制造行政命令》的同时，也为美国联邦政府各部门的政策制定提供参考。

① EBRC不是传统意义上的智库，而是一家非营利性的公私合作伙伴关系组织。EBRC由麻省理工学院、斯坦福大学、加州大学伯克利分校、哈佛大学等知名高校以及Ginkgo Bioworks、Amyris、Zymergen、Twist Bioscience等明星企业组成，可深入参与美国生物制造相关政策制定和相关工作推进，并由NSF、DOE、DARPA、NIST等美国联邦政府部门予以长期资助。

第七章　美国工程生物学研究联盟发布系列白皮书文件

2022 年《生物制造行政命令》颁布后，EBRC 积极响应并在三个月内发布首批系列白皮书，2023 年 7 月又补充发布了三份白皮书。美国联邦政府部门出台的相关政策文件中已采纳了 EBRC 发布的白皮书的部分建议。

第一节　加强标准、监管、安全管理体系建设

一、构建加速全球生物经济发展的标准和指标体系

针对《生物制造行政命令》第 5 节（“构建充满活力的国内生物制造生态系统”）、第 10 节（“测量生物经济”）内容，2022 年 12 月，EBRC 发布《加速全球生物经济发展的标准和指标》。该白皮书系统阐释了标准与量化指标在加速全球生物经济发展进程中发挥的作用，并对当时存在的瓶颈问题以及相应的解决路径展开深入剖析。

美国生物经济领域专业人士认为，生物技术发展势头迅猛，在替代传统生产方式方面展现出巨大潜力。然而，现阶段缺乏系统性的标准体系，这引发了一系列不良后果，包括成果转化效率低下、商业化进程受到阻碍、市场交易透明度有待提升以及监管框架更新滞后等。以合成生物、生物制造等领域为例，不同机构对于“生物基产品”的定义尚不明晰，相关

数据的采集方法也存在较大差异且标准不一。这使得企业在评估自身技术竞争力以及对接国际市场时面临诸多困难，也给监管机构开展风险评估增加了难度。美国为建立标准体系进行了诸多尝试，如 NIST 建立了美国合成生物学标准联盟。这些尝试尽管在一定程度上受到了关注，但最终未能取得成功。究其根源，在于新制定的标准多局限于科研场景，未能充分考虑到更广泛的行业应用需求；利益相关者之间缺乏共识，难以达成有效的协同合作；标准制定过程较为碎片化，缺乏整体性和连贯性，且未能与工程生物学的快速迭代特征相匹配，导致相关标准在行业中采纳程度较低，实际应用受限。

为此，该白皮书建议，以 NIST 作为核心主导部门，联合多方利益相关者，共同制定统一的词汇表和技术标准，并进一步完善工程生物学发展计划；发布一系列具体措施加速生物技术创新与商业化进程，加大资金支持力度，包括合理分配预算以及积极推动公私合作、升级基础设施为行业发展提供坚实的硬件支撑、加强监管协调确保各环节工作的有序开展等。该白皮书认为，通过贯彻落实上述举措，可有效破除市场准入壁垒，为生物经济的发展营造良好的市场环境，进而推动生物经济的安全、健康、可持续发展。

二、提高监管体系的透明度、协调能力与灵活性

针对《生物制造行政命令》第 8 节（“生物技术法规的清晰度和效率”）内容，2022 年 12 月，EBRC 发布《监管的清晰度、沟通效率和灵活性》。该白皮书指出，为确保生物经济的安全发展并有效应对全球挑战，须提升美国生物技术监管体系的透明度、协调能力及灵活性。该白皮书认为尽管美国在生物技术创新方面处于领先地位，但其现行的监管框架存在模糊

性、协调能力不足以及信息透明度低等问题，导致中小企业和研究人员在合规决策中面临诸多障碍。

为此，该白皮书建议作出以下系统性改进。

一是明确美国各监管部门的职责。通过补充部门间协作案例、开发交互式决策树工具（如绘制产品监管职责归属的流程图），并定期更新协调框架内容，降低企业合规经营的复杂性。

二是提高 EPA、USDA 及 FDA 的监管透明度。发布具体产品案例的监管路径示意图，明确数据提交要求及时间表。建立早期沟通门户，以便开发者在技术设计阶段与监管人员对接，避免后期为落实合规要求而返工。

三是引入“天际线扫描”机制，前瞻性地识别新兴技术发展对监管提出的潜在要求，并动态调整风险评估策略，以实现政策的灵活调整与技术发展的协同推进。

该白皮书认为，通过构建高效、透明且适应性强的监管体系，美国可巩固其在全球生物经济领域的优势地位，推动生物技术在保障粮食安全、应对气候变化等领域的创新应用，实现效益与风险的平衡。

三、发起“生物安全与生物安保创新倡议”

针对《生物制造行政命令》第 9 节（“通过推进生物安全和生物安保来降低风险”）内容，2022 年 12 月，EBRC 发布《生物安全与生物安保创新倡议：将安全与保障融入工程生物学研究和生物经济增长》，发起“生物安全与生物安保创新倡议”，根据美国联邦协调机制，有效应对生物经济领域的安全风险。“生物安全与生物安保创新倡议”建议结合《芯片和科学法案》等相关政策法规，在推动技术革新的同时，切实做好风险防控工作，保障生物制造在医疗、农业等众多领域的高效、安全应用。

“生物安全与生物安保创新倡议”的核心内容主要涵盖以下三个方面。

一是系统性地识别生物技术研发全链条中存在的漏洞与潜在威胁。在此过程中，须跨部门整合行业内外的各类资源，构建公私合作的信息共享机制（可参考航空安全领域的“信息分析与共享计划”）。采用动态风险评估模型，提升对风险的预测能力与响应速度。

二是对生物安全技术创新与应用研究予以资助。生物安全技术创新与应用包括对人工智能风险评估工具等的创新与应用。推动技术解决方案与非技术解决方案有机结合，并通过跨学科合作模式（如对技术与社会科学领域的联合资助模式）进一步优化安全策略。

三是构建行业最佳实践推广体系。通过举办论坛、开展安全事件报告与经验分享活动等方式，激励利益相关者积极主动地遵守安全标准。精准识别现行政策中存在的漏洞，以便完善监管框架。

四、强化美国在全球生物经济中的领先地位[①]

针对《生物制造行政命令》第 12 节（“国际参与”）内容，2022 年 12 月，EBRC 发布《美国在全球生物经济中的领先地位》。该白皮书指出全球生物经济正迈向以工程生物学为基础的可持续未来。当前生物经济尚处于早期发展阶段，为制定国际规范、标准和法规提供了重要窗口期。该白皮书建议美国应牢牢把握这一机遇，制定相关标准和法规并推动其实施应用，以实现双重目标：一是确保美国生物经济发展的安全性；二是加强国际协调与合作，助力推动全球生物经济朝着公平、健康和可持续的方向发展。

---

① 此建议为EBRC发布的白皮书中内容，不代表作者和出版社观点。

该白皮书建议美国应以积极制定标准、颁布协调政策、共享风险治理工具为核心要点，扩大创新优势。提供技术援助，助力促进全球生物经济可持续发展。该白皮书认为，美国可以从以下四个方面发力。

一是参与国际标准与伦理规范的制定工作。完善美国生物基产品技术标准，为全球通用标准的制定提供参考，并结合相关伦理文件构建工程生物学研究方面的道德准则，有效防范技术滥用风险。

二是参与构建全球监管框架。与国际伙伴达成互认协议，减少美国的产品监管模式与其他国家的流程监管模式之间的差异，推动生物基产品的跨国流通。

三是加强生物安全与生物安保领域的全球协作。建立风险评估框架、封闭实验室安全标准以及生物防护技术共享机制，同步降低技术研发过程中可能出现的意外风险与恶意利用威胁。

四是构建多边化“天际线扫描”体系。联合国际伙伴对生物技术发展趋势进行前瞻性预测，评估其对气候、环境以及安全领域可能存在的影响，并通过 EBRC 技术路线图等工具识别合作机遇，规避潜在风险。

第二节 启动“登月计划”并强化关键平台管理

一、启动生物经济“登月计划”

针对《生物制造行政命令》第 1 节（“政策”）、第 3 节（“利用生物技术和生物制造研发来进一步实现社会目标”）内容，2022 年 12 月，EBRC 发布《21 世纪生物经济的“登月计划”》，致力于以工程生物学技术的系统性突破，推动生物经济可持续发展，有效应对医疗、气候、能源、农业以及工业等领域的各项挑战。

为此，该白皮书建议围绕以下五大核心领域展开布局。在医疗保健领域，采用分布式生物制造策略来降低药物生产成本，并推广应用可编程生物技术，实现精准治疗。在气候与能源领域，运用工程微生物捕集工业生产过程中排放的温室气体，并将其转化为高附加值化学品，以此减少对基于化石原料生产的大宗商品的依赖，从而实现去碳化目标。在食品与农业领域，重点发展细胞农业、可持续肥料生产及高营养价值作物种植，从而保障粮食安全，并增强农业系统应对极端天气的能力。在工业生物制造领域，倡导应用生物回收技术发展循环经济，将传统石油基础设施改造并整合为生物炼油网络，推动美国可再生材料研究。在基础研究领域，强化基础研究的支撑作用，整合基因编辑技术、数据建模技术与自动化技术，建立可共享的生物系统数据库，以加速研究成果的转化与应用。

二、加强生物制造关键平台漏洞治理

针对《生物制造行政命令》第 4 节（“生物经济数据”）、第 5 节（“构建充满活力的国内生物制造生态系统”）内容，2022 年 12 月，EBRC 发布《生物经济中的平台漏洞和安全》。该白皮书指出了生物经济领域平台关键技术存在的漏洞及其衍生的安全风险，并明确提出系统性的防控策略。基因编辑、DNA 合成等技术，在推动医药、农业等众多领域创新发展的过程中发挥了重要作用。然而，上述技术具备的共享性与普适性特征，也不可避免地带来了诸多潜在隐患。例如，在供应链管理方面，存在因核苷酸原料被恶意替换而导致聚合酶链式反应（PCR）试剂失效的风险；在信息传播层面，可能会出现利用公众对转基因产品的疑虑制造信任危机的情况；等等。自动化平台所依赖的代码系统，极易遭受网络攻击。例如，黑客可能会通过技术手段篡改实验参数或者破坏设备间的通信，进而影响自动化平台的正常运行。

与此同时，自动化平台的规模化生产设施面临着被微生物污染或被物理破坏的风险，极有可能造成有毒物质泄漏等严重后果。计算与数据平台同样面临着不可忽视的威胁。一方面，数据库标签可能会出现错误，如通过恶意上传病原体基因与无害基因的嵌合序列数据，规避合成生物学筛选机制；另一方面，网络安全防护体系存在薄弱环节。大规模数据的存储与分析平台缺乏加密防护保障，其数据面临被篡改或窃取的风险。

为此，该白皮书建议，采取平衡安全保障与创新的多维度综合治理措施。

一是美国联邦政府相关部门积极与大型生物经济平台、设备供应商联系，开展外联活动。通过深入交流，全面了解网络与物理安全措施、内部威胁识别及过程监控的重要作用，进而有针对性地监测可能存在的入侵和破坏行为。

二是大力支持美国联邦政府相关部门与平台企业构建公共合作伙伴关系或私人合作伙伴关系。借助桌面演练等方式，识别可能存在的漏洞，并将相关的警告信息、补丁及缓解策略快速传达到值得信任的用户社区，以提高平台的安全性与稳定性。

三是积极鼓励平台企业制订并实施连续运营计划。确保平台在面临供应链临时中断、自然灾害等突发状况时，依然能够稳定运行，并在市场需求激增时，可以按时、保质完成交付任务。

四是聚焦安全关键点，精准投入资源。针对那些对生物经济安全构成重大威胁的高优先级漏洞，充分整合利益相关者提供的专业意见，制定科学合理的缓解策略。

五是加强工作人员能力建设。开展系统性的培训与教育，确保平台工作人员具备扎实的专业知识和技能，能够深入理解并有效实施各项安全与安保措施，从人员层面保障平台的安全运行。

六是将安全和安保理念融入教育与培训工作中。广泛开展宣传教育活动，使相关工作人员深刻认识安全和安保的重要性，并熟练掌握最佳操作规范的具体实施方法和流程。

七是制定并持续完善工程生物学和生物经济领域标准体系。明确互操作性、问责制、可测量性、安全和安保等标准，确保各项工作在统一、规范的框架下有序开展，为生物经济的健康发展提供坚实保障。

八是精准实施监管政策并加强国际协作。在制定监管政策时，应避免采取“一刀切”的监管模式，精准施策，同时积极参与并推动国际协作，共同推进全球筛查机制的构建。

第三节　加强学科建设和人才培养

一、培养人才：支持发展分布式、公平的生物经济

针对《生物制造行政命令》第 7 节（“生物技术和生物制造人才”）内容，2022 年 12 月，EBRC 发布《建设支持分布式、公平生物经济的人才队伍》。该白皮书认为，生物技术的发展将引领美国迈向更可持续且健康的未来。这一进程的稳步推进离不开一支高素质的专业人才队伍。自然资源的地理分布、人口结构以及劳动力机会分配，是影响生物经济发展的重要因素。

基于此，该白皮书提出以下建设性建议。

一是采取激励措施推动分布式教育机构以及培训中心的建设与发展，紧密结合生物制造和生物经济的区域需求与发展机遇，确保美国农村地区

的学生能够享有公平的发展机会。

二是在全美范围内科学布局，大力投资建设生物技术和生物制造基础设施，为生物经济的蓬勃发展奠定坚实基础。

三是为服务机构提供直接且有力的支持措施。提供完善的基础设施以及必要的物质资源，系统普及工程生物学和生物制造领域的相关知识；积极鼓励生物经济相关学科在工程领域开展跨学科项目建设，培养复合型人才；设计并实施多样化的计划，开展丰富多彩的活动，助力学生顺利踏入生物技术职业领域。

四是着力促进全美范围内不同教育背景人才的培养，充分挖掘和释放多样化人才的潜力，以促进生物经济可持续发展。

五是开展在职人员技能提升培训，确保其紧跟生物技术变革步伐，不断提高其专业能力与竞争力。

二、加强下一代生物经济人才培养

针对《生物制造行政命令》第 7 节（“生物技术和生物制造人才”）内容，2022 年 12 月，EBRC 发布《培养下一代生物经济人才》。该白皮书指出，随着分布式生物经济的蓬勃发展，打造一支技术精湛且多元化的人才队伍变得至关重要。这不仅有助于推动创新企业的创立，研发满足行业需求的全新技术与材料，还能有效执行由企业与行业协会规划确定的制造及开发任务。不同受教育水平的劳动力群体，均对推动美国生物经济的发展具有重要意义。其中，创新人才主要包括拥有博士学位等高级学位的科学家和工程师，是推动前沿技术发展和科学知识更新、实现创新的关键力量；执行劳动力涵盖具备良好教育背景和丰富实践经验的工作者。

基于此，该白皮书提出如下建议，旨在构建多层次生物经济人才培养体系。

在高中教育阶段，积极推动美国联邦政府层面的协调战略实施。更新生物课程内容，着重加强分子生物学的基础知识教学；加大对实验室设施建设的资金投入力度；加强与行业协会的联动，积极开展实习与创新竞赛活动，提升学生对生物制造相关职业的认知水平与专业技能。

在本科教育阶段，着重加强跨学科知识整合。由美国联邦政府提供资助，扩大国际基因工程机器大赛（iGEM）等竞赛的覆盖范围，吸引更多学生和研究人员参与该领域的研究与创新；支持学校与企业联合设立实习项目；针对研究能力有所欠缺的学生，开设精品学术衔接课程。

在硕士教育阶段，加强对应用型学位学生的培养。美国联邦政府与企业共同设立奖学金；大力推进“物理 + 生物工程”等跨学科 1 年制项目的进展，以增强学生的实践操作能力。

在博士及博士后阶段，须制定与研究人员所在地区生活成本相挂钩的最低薪酬标准；提高美国联邦科研津贴的额度，并单独增设奖学金；保障研究人员在福利待遇方面与正式员工享有平等的权益，以稳定科研队伍，激发创新活力。

通过加大教育投资力度以及创新产教融合模式，打造多元化、高技能的人才队伍，满足生物经济从技术研发到成果产业化的全流程需求。

三、加速改革传统生物教育体系

针对《生物制造行政命令》第 7 节（“生物技术和生物制造人才”）内容，2022 年 12 月，EBRC 发布《修订传统的生物教育方法》。该白皮书指出，生命科学领域的科研发现与创新步伐日益加快，然而生物学教学方法，特别是高中教育阶段的教学方法，尚未跟上这一快速发展的步伐。生物学常常被当作仅需要记忆的信息集合科学，而非应对全球挑战的有力工具。政府在完善教育计划、优化企业招聘流程，以及为员工和求职者提供职业培训课程等方面，起着至关重要的作用。为了提升竞争力，该白皮书建议，美国联邦政府应进行教学改革，并引入现代思维的教育理念。教育机构应倡导利用现有的、低成本甚至免费的资源，重新选择生物学的教学方式及其实施地点。

为此，该白皮书提出了改革传统生物教育体系的建议。

一是设立专项基金以推进生物教育的现代化，包括启动“跨部门生物职业路径计划”，整合 DOL、ED 及 NSF 的资源，为处于高中阶段的学生提供带薪实习或参加技术培训的机会，并推广经过验证的有效教学模式，如“生物制造者”（BioBuilder）课程。

二是将培养生物技术实践能力设定为核心教育目标之一，持续投入资金用于培训教师及开发高质量教学材料，力求到 2030 年实现每年培养百万名具备现代生命科学思维的高中生。

为使全民共享生物经济发展带来的机遇，该白皮书建议美国加强三个方面的资金投入。

一是由 NSF 牵头，联合 DOL、NIST 等部门建立行业认可的标准化职业认证体系，为处于初中教育阶段和高中教育阶段的学生提供培训服务并颁发生物经济专业证书；投资 500 万美元用于搭建数字平台，连接培训机构、证书持有者与企业，降低就业过程中的信息壁垒。

二是营造区域创新生态，由 DOC 提供资金支持，助力美国农村地区建立学术—商业—慈善联盟，资助创业培训、共享实验室建设，以及推动高校研究成果转化（如专利商业化）；布局区域性生物经济中心，使美国偏远地区的学生实现本地就业，促进增长收益的区域均衡分配。

三是建设普惠性实践基础设施，以公私合作的模式进行投资，将学校、图书馆等公共空间改造成覆盖美国所有地区的生物技术实验室与培训中心，借鉴普及公共图书馆与提高数字基础设施覆盖率的成功经验，确保低收入群体、残障人士等弱势群体能够公平地获取实验设备与参与技能培训，有力促进生物经济的发展。

第四节　加强基础研究和技术转化

一、推进微生物组工程研究

2023 年 7 月，EBRC 发布《微生物组研究策略：基础设施、计算与发现》。该白皮书指出数据科学与工程生物学领域的最新进展显著推动了微生物组工程研究。为充分应用并创新新兴技术，EBRC 着重指出，计算工具、测试平台等基础设施以及数据共享需求均需要得到美国联邦政府层面的资金支持。美国联邦政府应发挥统筹协调作用，推动各方协作，以提升相关领域的创新能力和研发效率。

为此，该白皮书提出系统推进微生物组工程研究的三大支柱性战略措施。

一是进一步加大对技术和计算工具研发的支持力度，构建完善的微生物组精准操控技术体系，涵盖单细胞原位编辑技术、宿主—微生物代谢整合工具以及由人工智能驱动的表型预测算法等内容。

二是在全美范围内为基础设施建设提供资金支持，搭建包含从实验室可控环境到野外中试基地的梯度验证平台，为微生物组工程在与实际应用紧密相关的环境下开展大规模测试提供有力支撑。

三是开发集中式的数据存储库，并建立可实现数据共享的多组学数据库，包含基因组、代谢组以及环境互作等数据。同时，采用标准化格式以确保不同研究机构间数据的互操作性。该战略措施旨在攻克微生物组工程化过程中的技术转化难题，通过创新技术工具链、拓展验证场景以及构建数据生态系统，实现协同发展。这将加速微生物组技术在碳转化、疾病治疗等关键领域的实际应用，为美国提升生物经济竞争力提供有力支撑。

二、发展可持续的工程生物使能经济

2023 年 7 月，EBRC 发布《生物碳捕获和转化：建立可持续的工程生物使能经济》。该白皮书提出系统性脱碳战略，聚焦通过工程生物学技术重构碳资源利用体系。通过改造微生物（如藻类、古菌等）与酶系统，突破自然代谢的限制，以二氧化碳及废弃碳源为原料，实现替代蛋白、生物基材料以及可持续燃料的规模化生产，预计每年能够减排 2 亿～10 亿吨二氧化碳。核心技术路径包括提升厌氧乙酰辅酶 A 途径的碳固定的效率，研发气体发酵技术以增强大规模工业化生产的碳捕获能力，并运用合成生物学手段整合碳捕获与转化功能（如直接合成乙烯、丙烯等建材基础原料）。

为此，该白皮书建议美国联邦政府主导建设三大支柱，即负碳生物制造技术研发中心、分布式碳转化中试网络以及生物基产品市场培育机制，加快从线性经济向循环经济的转型，达成 2050 年温室气体净零排放的目标。分阶段实施以下策略：在短期内，优先发展成熟技术（如厌氧消化、乙酸盐生物制造等），通过补贴机制增强化石能源替代品的竞争力；从长期来看，构建跨领域的支撑体系，通过开发低浓度碳源处理技术、建立季节性生物原料供应链管理模型，以及制定碳足迹核算标准等方式激励市场向绿色低碳方向转型。

三、稳健生物经济中的生物安保政策

2023 年 7 月，EBRC 发布《在稳健生物经济背景下的生物安保政策》。该白皮书指出，抗旱作物培育、基因驱动系统等前沿技术，在应对气候变化及保障粮食安全方面展现出巨大潜力。然而，这些技术在应用过程中却面临着诸多挑战，具体表现为政策界定模糊、风险评估标准缺失等，导致研发进程受到阻碍。

该白皮书指出，在技术设计过程中，应当融入生物安保措施，增加风险评估流程透明度，切实增强公众信任，以有力推动生物经济的加速发展。

一是加大对标准制定以及相关基础设施建设的投入力度，开展恰当的生物防护方法测试，并对工程技术可能给环境带来的潜在影响展开深入研究。

二是由 OSTP 牵头组建专项工作组，成员来自监管部门、科研机构以及社区，定期针对新兴技术的生物安保需求进行评估。

三是充分整合在国际案例中积累的宝贵经验，形成一套既能推动技术创新又可切实加强生物安保的政策工具。

第八章　加强重点项目投资建设

《生物制造行政命令》特别强调 DOD、DOC、DOE 以及 NSF 要加大项目支持力度，以创建充满活力的美国生物制造生态系统。DOD 负责出台政策以提升美国生物制造能力，为美国国防供应链提供多样化的产品。DOC 负责完善生物制造供应链及建设用于生物技术开发的基础设施。NSF 负责执行“区域创新引擎计划”，以推进包括生物技术在内的新兴技术发展。DOE 负责支持相关研究开展，以推动生物能源和生物制品领域的前沿科学的发展，加速生物技术和生物信息学工具的开发，并减少其商业化应用的障碍。

2022 年 9 月 14 日，美国白宫主办生物技术和生物制造峰会，宣布为落实《生物制造行政命令》，将提供超过 20 亿美元资金来全面启动“生物技术和生物制造计划”。该计划旨在通过发展先进生物技术，有效降低生产成本、创造优质就业岗位、提高供应链弹性、提升公共健康水平、助力实现碳减排目标。

为了提高供应链弹性，HHS 投资 4000 万美元，旨在增强生物制造在活性药物成分、抗生素、应对流行病需要的关键原材料等产品生产流程中的作用。DOD 启动“弹性供应链生物技术计划”，在 5 年内投资超过 2.7 亿美元，以更快地将研究成果转化为产品，并支持开发用于美国国防供应链的先进生物基材料，如燃料、防热复合材料、聚合物、树脂以及保护材料等。DOE 与 DOT、USDA 合作制定“可持续航空燃料大挑战”战略，利用约 10 亿吨可持续生物质原料和废弃物，建立一个涵盖燃料、化学品以及材料的国内供应链体系。DOD 将在 5 年内投资 10 亿美元用于美国生物工业制造基础设施建设，以促进美国生物工业制造基地的建立。该举措旨在激励公共部门与私营部门合作，共同提升美国在商业与国防供应链中具有重要意义的产品（如关键化学品）的制造能力。同时，DOD 将额外投资 2 亿美元，以支持加强这些设施的生物安全和网络安全保障。USDA 在 2022 年夏季启动了一项新的赠款计划，可提供 5 亿美元资金，用于生产具有创新性且可持续利用的美国化肥，以供美国农民使用。美国联邦政府各部门对与生物制造相关的投资已追加到超过 35 亿美元，带动社会投资达 460 亿美元，用于加速各地的生物制造项目建设。

第一节　美国国防部重点打造生物制造生产能力

DOD 认为，生物技术与生物制造将在构建一支可持续、灵活且具备快速响应能力的未来部队方面发挥关键作用，为提升美国国家安全与防御能力提供重要支撑。现阶段，美国应用生物制造技术已成功生产出众多对美国国防具有重要意义的材料和产品。例如，美国战机涂料中的生物基化学品已被纳入 DOD 供应链，并占据愈发关键的地位。此外，生物制造生产模式的灵活性和适应性均较强，可有效提升美国国防供应链的弹性，并生产高性能新材料。因此，美国相关智库建议，对生物制造资源进行战略布局与调配，以有力地促进美国生物经济发展。然而，鉴于试点基础设施不足，美国生物制造从实验室研究到商业化应用的过程中存在基础能力短板，导致相关技术或产品难以得到有效验证。而专门建设与生物制造相关的基础设施，需要的资金为 1 亿 ~ 2 亿美元。由于这类设施的投资回报率相对较低，美国私营企业的投资积极性不足。

为建立一个能够自我维持的美国生物制造生态系统，降低 DOD 在采用新技术过程中面临的风险，并防止出现新的供应链漏洞，2023 年 3 月，DOD 发布了《生物制造战略》。《生物制造战略》的实施路径主要包括以下三个方面。

其一，着力发展生物技术及寻找潜在的产品供应合作伙伴。积极优化工作思路，在对军事领域问题的解决方案进行考量及资助过程中，优先考虑使用了生物技术的方案。助推前沿技术在商业项目转化成效最为显著的"联合能力集成和发展系统"中的应用，推动市场需求与生物制造领域的新兴技术实现精准匹配，为相关产品寻找潜在的客户群体，助力弥补美国在生产能力方面的短板。

其二，加强基础设施建设以推动生物制造创新。美国众多初创企业、科研院所和实验室都已经充分证明，在实验室中可以利用生物技术生产出许多创新产品，但实现相关产品的规模化生产却需要更多的创新投入以培养规模化的生产能力。DOD 须将强化美国生物制造能力列为重点工作任务，加大基础设施建设投资力度，从而构建可自我维持的美国生物制造生态系统，把生物技术创新领域的优势转化为产业优势，以保持美国在全球生物技术领域的竞争力。

其三，前瞻谋划并构建生物制造产业体系。当前，生物制造产业正处于成长发展阶段，其产业体系的范围界定与构成要素尚不明确。2022 年，美国出台《芯片和科学法案》，明确提出建立与生物技术相关的强有力的机制，用以对产出及经济效益进行准确的统计和科学的衡量。为此，DOD 经过审慎研究，决定将有限资源优先投入生物制造领域。DOD 将针对生物制造产业体系开展持续且深入的评估工作，并依据评估结果对资源分配进行适时调整，从而构建并逐步完善生物制造产业体系，精准绘制产业图谱。这一系列举措旨在确保 DOD 的资金能够精准落实到位，有效预防项目实施过程中的各类风险。

为此，DOD 计划在 5 年内加大对美国生物制造产业的投资力度，加速其技术成熟和应用。重点支持生物制造基础设施建设，全面提升美国供应链的自主可控能力，包括投资 10 亿美元以促进建立美国生物制造产业基地、2.7 亿美元用于“弹性供应链生物技术计划”以及 2 亿美元支持与生物制造产业基地相配套的生物安全和网络安全保障工作。这些工作重点通过 EBRC 的 BioMADE 项目和“分布式生物工业制造计划”（DBMIP）项目推进实施。

一、BioMADE 项目

2020 年 10 月 20 日，EBRC 创建 BioMADE 项目。它由 DOD 资助，旨在打造一个可持续、端对端的工业生物制造生态系统，形成长期且可靠的工业生物制造能力。

（一）项目部署情况

2022 年 9 月《生物制造行政命令》发布以来，BioMADE 项目先后发布三个批次共计 31 个子项目。2023 年 4 月，第一批次共 5 个技术创新子项目发布，包含生物反应器硬件、软件、传感器、建模技术及自动化等方面，旨在通过技术创新，更高效地实现生物基产品的规模化生产。2023 年 9 月，第二批次共计 9 个子项目发布，总投资 1870 万美元，其中技术创新子项目 7 个，教育和人才发展子项目 2 个。2024 年 11 月，第三批次共计 17 个子项目发布，总投资 2690 万美元，包括可降解生物塑料、生物航空燃料、废弃物升级再造以及无细胞系统等方面。

（二）主要经验做法

1. 推动关键设备与工艺的技术创新

BioMADE 项目的首批 5 个子项目主要围绕生物反应器的硬件设备、过程建模与控制系统展开，聚焦于影响生物制造效率的核心环节，推动连续流反应器、自动化控制、膜反应系统等领域技术的集成突破。例如，泰勒环流反应器、自动化生物膜反应器等反应系统，有效提升了物质传质效率及连续生产能力。通过构建以“反应器—建模—传感器—控制系统”为核心的完整创新链条，BioMADE 项目为实现生物基产品的大规模、低成本制造奠定了技术基础。

2. 打造多元场景下的应用验证平台与中试平台

BioMADE 第二批次和第三批次子项目聚焦高价值、低碳化产品在美国国防、食品、新材料等重点领域的落地与迭代，重点关注农业废弃物资源化利用以及生物燃料、天然橡胶、生物塑料、异丁醇等产品的研发与应用，推动形成“原料—工艺—中试—终端”的闭环验证体系。例如，以蒲公英为原料生产的天然橡胶有助于减少碳排放；利用无细胞系统合成异丁醇可作为可持续航空燃料的前体。这些子项目的开展不仅推动了关键新材料的研发，还提高了自主供应链弹性和资源保障能力。特别是 2024 年第三批次子项目，覆盖了可降解塑料、生物燃料、废弃物转化利用等关键领域，涉及美国 18 个州的 30 家成员单位。这些项目通过跨区域协同、场景化试验和本地化部署，形成了新的发展布局，加速了前沿技术从实验室走向工业应用场景。

3. 构建高水平复合型人才供给体系

BioMADE 项目始终将教育与人才发展作为技术创新的重要支撑，在

2023年第二批次子项目中设立了两项教育专项，分别面向高中到大学阶段教育和在职成人教育，推动建立“课程—认证—就业”贯通的教育链条。其中，阿巴拉契亚地区跨学科劳动力平台聚焦生物工艺工程、自动化与合成生物领域的课程模块开发，覆盖传统与非传统学习群体；犹他州STEM基金会联合多所高校与多家企业，推广“可堆叠证书+早期外联”机制，构建可持续人才培养生态。BioMADE项目通过与区域制造业集群联动，优化“高中—专科—本科—成人教育”一体化人才培养结构，确保学生所学的操作方法与实际生产需要适配，推动实现教育和产业的双向赋能，为生物制造高质量发展提供坚实的智力支撑与技能基础。

二、DBMIP项目

2024年1月31日，DOD宣布启动DBMIP项目，调动企业应用生物技术生产美国国防领域需要的各类物资的积极性，以提高美国生物制造能力，降低在食品、燃料、营养、制造和火力等关键领域供应链面临的风险。截至2024年底，DBMIP项目采用竞争性评估的方式发布了五个批次共计34个子项目，提供的支持资金超过6000万美元。

（一）项目部署情况

DBMIP项目大力支持生物制造基础设施布局优化与关键前体替代生产。DBMIP第一批次子项目于2024年7月10日发布，由加利福尼亚州的Debut公司实施。该公司获得了200万美元的项目资助，用于规划建设美国生物制造基础设施，以生产可替代国外关键前体的产品。第二批次共计5个子项目于2024年7月30日发布，资助总额达891万美元，涉及蛋白质基生物材料、生物航空燃料、化工中间体及润滑剂等多个领域，资助对象包括ARCTOS、CleanJoule、Lygos、Synonym和Visolis 5家公司。第三批次共计 7 个子项目于 2024 年 8 月 20 日公布，资助总额达 1199 万美元，获支持企业有 Battelle、Genomatica、ZymoChem 等。这些企业在中试规模设施或商业规模设施方面进行布局，实现无烟火药前体、高能油、聚合物单体、真菌蛋白等产品的美国本土化生产。第四批次共计 12 个子项目于 2024 年 9 月 13 日发布，资助总额达 1934.2 万美元，聚焦提升二氧化碳转蛋白粉、仿生聚合物、可持续航空燃料、食品添加剂等关键物质的生产能力，获得资助的代表企业包括 Air Protein、C16 Biosciences、Onego 等。第五批次共计 9 个子项目于 2024 年 11 月 14 日发布，资助总额达 1697 万美元，帮助 Amyris、Checkerspot、EVERY、Perfect Day 等企业规划建设具有成本优势的生物制造基础设施，推动萜烯、精密发酵蛋白和乳清蛋白等关键产品的美国自主制造。DBMIP 项目体现了美国通过提供财政支持推动生物制造能力提升与安全供应链构建的战略意图。

（二）主要经验做法

1. 强化产业链关键环节美国国产产品的替代能力

DBMIP 项目旨在推动生物基前体等产品的美国本土化生产，尤其强调要使进口依赖度高、对美国国防与能源安全至关重要的化合物（如润滑剂、航空燃料添加剂、热固性树脂前体、卵白蛋白等）生产回归本土产业链。例如，Debut 公司通过美国国防工业基地联盟的其他交易协议（OTA）推进热固性树脂的美国国产化；Modular Genetics 公司着力开发含能材料关键前体的低废弃物产生量、高效率生产工艺；Solugen 公司布局军民两用前体的模块化设施。这种将关键分子合成能力从“进口受控”转为“本土自立”的路径，为美国推进生物基产品核心原料的独立制备与保障能力建设，提供了可复制模板。

2. 加大中试放大与区域集成建设部署力度

DBMIP项目强调“先规划、再选址、逐步投产”的建设路径，以OTA形式鼓励美国企业在规划阶段即聚焦选址可行性、区域集成能力及技术扩展潜力。例如，Visolis、Lygos、Industrial Microbes等公司的项目均强调通过前期设计来评估发酵能力与化学转化的协同效果；Synonym公司提出“对未充分利用设施进行重构改造”的策略，以节约投资成本、提高资源利用率，提升生物制造设施标准化设计与模块化部署能力。

3. 强化多样化战略产品的生物制造落地

DBMIP项目强调美国的生物制造产业不仅服务于食品与公众健康，也广泛嵌入美国国防、能源、材料等多个战略方向，推动蛋白质、单体、润滑剂、多元醇等高性能产物的工艺设计与场景验证。例如，Checkerspot公司专注于开发不含全氟和多氟烷基物质的润滑剂；ZymoChem公司布局军用织物单体；The Better Meat Company公司开发高蛋白真菌成分用于即食军粮；Erg Bio公司与C16 Biosciences公司分别探索推进剂与棕榈油替代物的工艺路径。这种产品多样化与功能专向性的融合落地策略，改变了传统以食品—药品为导向的产业路径，为推动美国生物制造与战略物资的融合发展提供了借鉴。

第二节 美国商务部重点提高生物技术创新能力

2023年10月23日，美国商务部经济发展管理局（EDA）指定分布在全美范围内的31个技术中心，启动了区域“技术中心计划”第一阶段的工作。“技术中心计划”旨在为美国打造多元化关键技术生态系统。参与“技术中心计划”第一阶段工作的机构，是从全美近400个地区的机构中严格筛选出的。《芯片和科学法案》授权拨款100亿美元用于支持该计划。分布在全美范围内的31个技术中心获得总额近5亿美元的资助资金。该计划第一阶段主要关注“安全有效的自主系统”“保持量子优势”“推进药物和医疗器械生物技术水平提升”“提高生物技术预测精确度”“加速能源转型”“加强关键矿物供应链”“在半导体制造领域重获领先地位”和“发展材料制造”8个重要领域，其中与生物制造相关的两个具体资助项目基本情况如下。

一、推进药物和医疗器械生物技术水平提升

（一）项目部署情况

为增强药品与医疗器械关键技术自主可控能力、加快前沿研究成果转化应用，“技术中心计划”重点支持活性药物成分制造、精准发酵、生物制药和医疗器械制造等方向的技术中心建设，推动突破传统工艺瓶颈、增强美国本土制造能力、提升产业化效率并完善人才培养体系。例如，弗吉尼亚州高级制药制造中心（APM）通过混合与连续流工艺技术，推动活性药物成分回流制造；新罕布什尔州的再生谷中心致力于建设面向细胞、器官级治疗产品的开放式制造平台，强化商业化能力与学徒培训；伊利诺伊州iFAB技术中心发展精准发酵与生物制造，建设中试共享平台，助力初创验证工艺发展并开展职业培训；堪萨斯城KC BioHub中心与波多黎各PRBio Tech Hub中心，分别聚焦疫苗、生物制品与医疗器械的中试转化体系及本地创新生态；印第安纳州Heartland BioWorks中心则打造从研发到商业化的完整支撑链条，服务药品、生物制剂与植物产品开发。上述技术中心加强系统布局，覆盖活性药物成分制造、生物反应平台、新药开发、器械中试与再生医学等领域，显著提高了美国药品供应链弹性，提升了治

疗产品可及性，促进了美国生物经济高质量发展。

（二）主要经验做法

1. 强化关键工艺设备研发与集成应用

以APM为代表，聚焦活性药物成分连续流制造中的关键环节，推动混合与连续流工艺等先进工艺创新，并通过数字技术深度集成，实现生产过程的智能化、可控化。例如，构建面向连续化生产的制药工艺体系，形成从设备升级、工艺优化到监管合规的一体化技术解决方案，显著提升了制药工艺的标准化水平与美国药物供应的稳定性，为保障美国关键药品的自主可及，探索出可复制的技术路径。

2. 构建区域中试验证与转化基础设施

多个技术中心（如再生谷技术中心、iFAB技术中心、KC BioHub中心等）依托区域现有产业基础，建设覆盖“研发—中试—产业化”全过程的多功能园区或试点设施。通过提升基础设施可及性、配置先进试验平台、开放共享设备资源，促进生物制药、精准发酵、疫苗制剂等领域的成果转化与快速试生产，缩短从实验室到产业化的周期。同时充分利用“从实验室到诊所”临床样品制备设施，打通早期成果落地“最后一公里”，提升先进试验平台在药物和医疗器械创新方面的服务能力。

3. 创新复合型人才培养与协同机制

各技术中心普遍重视多层次、跨学科人才培养体系的构建，通过“高校+企业+公共服务机构”协同开展定制化培训、学徒制项目与终身学习计划，服务在职人员、退役军人、基础教育阶段学生等多元群体。例如，Heartland BioWorks中心和PRBio Tech Hub中心聚焦于创新人才和技术工人的双轮驱动培养，通过探索生物制造职业路径和建设技能提升设施，为行业提供具有生物工艺、质量控制、数字监管等复合知识的人才，为生物经济高质量发展夯实人才基础。

二、提高生物技术预测精确度

（一）项目部署情况

为提升生物技术的精确性，以及诊断、治疗与药物开发的智能化水平，“技术中心计划”重点支持个性化医疗、预测性医疗、端到端精准医学发展及AI驱动的生物技术研发平台建设，推动多组学数据整合、临床决策支持与代表性人群覆盖能力的提升。例如，威斯康星生物健康技术中心聚焦基因组学与大数据融合，构建以成像诊断、临床集成和数据共享为核心的个性化医疗系统；马里兰州巴尔的摩科技中心重塑以公平人工智能为支撑的预测性医疗体系，推进新型疗法、诊断平台与伦理模型研发；亚拉巴马州伯明翰生物技术中心以代表性临床数据驱动新药物发现，加速精准药物、疫苗与诊断试剂的研发进程；大费城地区精准医学技术中心整合医学工程、人工智能与合成生物学技术，构建覆盖研发、测试、制造与商业化全链条的精准医疗生态；明尼苏达医疗技术中心3.0通过融合人工智能与数据科学，促进医疗器械智能化，推动智能医疗技术创新及产业集聚。这些技术中心通过构建数据平台、提升临床整合能力与重构人才供给体系，系统增强美国在精准医疗和预测性治疗领域的全球竞争力，加快生物经济智能化转型。

（二）主要经验做法

1. 建设高效数据系统，支撑精准决策

威斯康星生物健康技术中心围绕个性化医疗的核心环节，通过构建包容的现实世界数据生态系统与人工智能驱动的临床集成平台，实现数据采集、管理、分析与应用的闭环流程优化。一方面，引入国家级最佳实践标准，安全、合规和符合伦理地使用患者数据；另一方面，推动成像、诊断治疗以及基因组学与大数据分析融合应用，优化疾病检测和治疗效果评估流程。通过提高数据可及性与解析能力，促进精准诊断工具及个性化治疗策略快速迭代，为推动生物健康产业向高精度、低成本转型提供技术支撑。

2. 强化场景协同，加速技术转化

多个技术中心围绕具体的健康需求和区域特征构建应用场景，提升技术转化效率。例如，伯明翰生物技术中心通过聚焦代表性不足人群的基因组数据，优化新药研发路径；明尼苏达医疗技术中心 3.0 订立了统一的数据共享协议并开发智能化平台，推进医疗器械与人工智能的深度融合。这些技术中心通过明确需求、技术研发、场景测试和市场部署等环节的协同联动，形成贯通式转化机制，加快生物技术从实验室走向实际应用。

3. 对接岗位需求，构建人才培养闭环

各技术中心普遍重视以产业为导向的人才培养体系，如大费城地区精准医学技术中心设立人才培养机构，开发技术工人培训项目；伯明翰生物技术中心与多所社区学院和大学联合推出“现场实训与微证书计划”，快速对接就业市场，提升技能转化效率；明尼苏达医疗技术中心 3.0 推动人才供给与岗位需求精准匹配。“技术中心计划”第一阶段通过企业参与课程设计、多样化认证体系构建和实习就业联动，构建起面向未来医疗和生物技术发展的复合型人才培养闭环。

第三节　美国国家科学基金会重点布局全产业链创新

NSF 代表美国联邦政府，全面资助各学科领域基础研究，与 OSTP、

NIH、NAS 等共同组成了美国国家创新体系。

（一）项目部署情况

为推进美国生物制造发展，保持美国在生物制造领域的领先地位，2024 年 8 月以来，NSF 出台了一系列资助政策，加快推进部署美国生物制造产业链、创新链。

一是 2024 年 8 月 21 日，NSF 投资 2600 万美元建设生物制造赋能脱碳工程研究中心（CURB），推进、部署以二氧化碳为原料的电—生物耦合生物制造系统。

二是 2024 年 8 月 24 日，NSF 携手高校、企业、研究机构等多元研发力量，配套 7500 万美元扶持资金打造 5 个生物铸造厂，并出台相关措施促进生物制造核心技术、工艺和数据库等基础资源共享。

三是 2024 年 10 月 2 日，NSF 联合日本、韩国、英国、加拿大、芬兰等国家的 8 家科研机构，投入 1500 万美元建设全球可持续生物产品中心（GCSB）、可靠且可扩展的生物铸造厂以及国际海藻生物经济中心（IBMC），以促进废弃生物质和藻类原料利用技术的创新及标准化生物铸造厂的建立。

（二）主要经验做法

1. 打造生物制造创新共享平台

NSF 通过打破行业壁垒、降低研发和生产门槛，构建生物铸造厂，加速生物技术与信息技术的融合，推动生物经济发展和产业链的创新升级。

一是协同美国国内多元主体共建基础创新平台。资助美国高校、研究机构和企业等创新主体，在全美范围内布局建设 5 个生物铸造厂，重点聚焦核糖核酸分子和递送载体、糖蛋白及其合成酶、云生物铸造厂、极端环境微生物挖掘、自动化设计工具等领域开展研发工作，通过建设生物铸造厂加快前沿技术突破、优化工艺流程、完善核心数据库，推动生物制造基础设施开放共享。

二是联合其他国家构建标准化平台。依托伊利诺伊大学厄巴纳—香槟分校建设可靠且可扩展的生物铸造厂，重点开展生物制造产业应用的跨国标准和衡量标准、治理和监管框架、跨国产业伙伴关系和公共宣传计划、跨国教育和人才发展计划等方面的研究工作，推进生物制造数据库、工艺流程和监管等方面标准的建立。

2. 促进非粮生物质原料开发利用

NSF 突破生物制造产业原材料单一的困境，持续探索上游核心原料利用的底层技术路径，夯实生物制造产业上游基础研究。

一是推动以废弃生物质为原料的技术创新。依托田纳西大学诺克斯维尔分校打造 GCSB，致力于通过基因工程改造微生物以提高废弃生物质转化为聚羟基脂肪酸酯（PHA）的效率，推动废弃生物质“变废为宝”高效再利用。

二是推进一碳化合物的转化利用。依托华盛顿大学构建 CURB，加大电—生物耦合生物制造系统研发力度，利用二氧化碳等一碳化合物生产乙醇、乙酸盐和丙酸盐等 C_2^+ 中间体产品，推动其转化为化学品和聚合物前体、生物基材料和生物肥料、脂类和蛋白质等，促进第三代生物制造原料的多途径利用。

3. 加强生物制造专业人才储备

NSF 通过开展国际合作、加强跨学科教育以及多层次培训，培育战略研究与技术创新人才，弥补生物制造国际化人才短缺、人才供给与产业需求不匹配的缺陷，夯实产业发展基础。

一是加强跨学科国际化人才培养以推动技术创新。GCSB 和 IBMC 通过国际化平台，重点培养生物炼制和可持续发展领域的跨学科专家，通过设计 STEM 外联计划、组织国际会议、提供暑期研究机会和开设跨学科课程等方式，培养具有全球视野的生物制造领域专家。

二是培养多层次本地化人才，助力行业发展。NSF 支持建设的 CURB 及生物铸造厂面向美国生物制造产业提供跨学科教育与培训，涵盖定制课程、实践课程等多样化资源，针对不同行业需求灵活优化人才供给结构，确保人才供给能够满足不断变化的生物制造行业技术创新需求。

第四节　美国能源部重点支持生物质能源的开发

美国能源部科学办公室为 29 个项目提供了 2.64 亿美元资金，以支持实施 DOE 提出的“能源地球发射倡议”，在 10 年内推进清洁能源技术发展，并推动生物经济领域的创新。BETO 提供 1.51 亿美元资金，用于研发将生物质能转化为生物燃料和生物基产品的技术。美国能源部化石能源与碳管理办公室（FECM）和 BETO 共同提供 8000 万美元资金，用于支持与生物质和废弃物原料（包括二氧化碳气体、微型和宏观藻类以及能源作物）相关的研究与现场试验。此外，DOE 还投入了超过 4000 万美元资金，用于支持工业应用中的生物催化剂和微生物的研究与发展。美国能源部清洁能源示范办公室（OCED）宣布启动一项 2 亿美元的“联邦成本分担”项目，该项目旨在利用可再生能源，安全、可持续地生产乙烯，并实现二氧化碳资源化利用。该项目的核心在于示范集成化工艺流程——捕获二氧化碳并将其高效转化为乙烯，同时将该技术拓展应用于生物质衍生绿氢制备、清洁能源乙醇和乙烯的生产，从而推动生物制造产业发展并显著降低碳排放量。

一、生物质精炼技术研发

DOE 宣布投入 1.18 亿美元用于支持 118 个项目，以推进生物质精炼厂的发展，生产低排放可持续燃料。其资助的四类项目的主要信息如下。

（一）综合生物质精炼厂的预试点项目

DOE 在该领域共计资助 9 个项目。

一是藻类喷气燃料和聚氨酯单体的中试生产。开发一种精炼工艺，从生物质中提取粗制海藻油，通过差异化沉淀分离饱和、不饱和脂肪酸，进而生产可持续航空燃料和符合工业标准的聚氨酯产品。

二是利用气化木废料得到的萜烯，生产可再生的可持续航空燃料。

三是将林业残留物和其他来源的木质纤维素生物质转化为可再生柴油、可持续航空燃料、汽油和船用燃料。

四是将直接空气碳捕获技术捕获的二氧化碳用于培养藻类，并将该工艺应用于几千平方米规模的流道中。

五是开发和示范应用一种创新的微藻和生物燃料生产工艺，使用直接空气碳捕获技术和附着藻类流道技术。

六是通过催化快速热解、生物油提质等技术，将玉米秸秆转化为可再生航空燃料。

七是在混合催化生物精炼架构中，建立起规模化的共溶剂增强木质纤维素分馏预处理装置以及木质素分馏装置，以生产用于合成可持续航空燃料和船用燃料的高品质木质素中间体。同时，还要收集关键运行数据。

八是在加压流化床气化炉中，利用生物质生产合成气。通过合成气发酵，生产可持续航空燃料。该过程的转化率超过 50%。与石油基燃料相比，使用可持续航空燃料可减少 70% 的温室气体排放量。

九是开展利用藻类生产可持续航空燃料的前期试点验证。

（二）综合生物质精炼厂的试点项目

DOE 在该领域共计资助 2 个项目。

一是利用林业残留物来分布式生产乙醇和可改良土壤的生物炭。该项目包括两个关键事项：使用一种低成本、易操作的鼓风式气化炉；采用朗泽科技公司开发的第二代生物反应器。

二是将水热液化与超临界水氧化技术相结合，将城市污水、污泥转化为生物原油，通过再提质工艺将其转化为可持续的船用柴油和航空燃料。

（三）综合生物质精炼厂的示范项目

DOE 在该领域共计资助 2 个项目。

一是利用桤木生物原油生产可持续航空燃料。在美国东南部建立首个示范设施，其额定处理能力为每天处理 120 吨森林残留物，年产约 1135.62 万升液态烃类生物燃料。

二是集成示范工厂建设与运营。利用生物质和纤维素生产可持续航空燃料和可再生柴油，同时生产第二代纤维素糖和纳米纤维素橡胶母料等副产品。

（四）第一代玉米乙醇减排项目

DOE 在该领域共资助 4 个项目。

一是验证生物质精炼厂的减排技术。这个项目包括现场生产可再生合成气、利用风力和太阳能发电、采用先进的作物管理制度、减少化肥使用量来降低农场的污染物排放量等。

二是评估使用酿酒残留物和玉米秸秆制备沼气（厌氧消化）技术的可行性。开展综合分析，以扩大沼气技术应用规模与玉米乙醇生产规模。

三是利用发酵二氧化碳气体合成乙醇。该项目将在生物质精炼厂调试并运用朗泽科技公司提供的撬装式气体发酵试验装置，利用二氧化碳和清洁低碳氢生产低碳乙醇。

四是利用电化学工艺将生物乙醇生产过程中排放的二氧化碳转化为增值塑料，并对其进行商业化的可行性研究。

二、生物燃料和生物制品的开发

BETO 宣布将拨款 2550 万美元，用于转化可持续利用生物质和废弃物资源（如农业残留物、藻类等），以生产低碳生物燃料和生物制品。该项目将资助低农业碳强度和藻类作物保护两个主题领域，以促进可持续生物质原料的生产。

（一）低碳强度原料的气候智能型农业

BETO 对该主题领域的资助目标是评估气候智能型农业实践的效用，降低生物燃料生产的碳强度。BETO 预测，每年可利用农业残留物生产约 227 亿升生物燃料。该主题领域项目近期的研发需求，主要集中在两个子主题领域。

1. 利用农业废弃物生产低碳原料的气候智能型农业

该子主题领域项目的研发重点，是评估气候智能型农业如何降低生物燃料生产过程中的碳强度，主要是研究如何减少农业残留物。预期用到的技术，包括但不限于以下三个方面。

一是促进气候智能型农业转型，提高农业残留物的收集和储存效率，相较于传统方法降低原料生产周期的碳强度。

二是开发新模型用于评估收获农作物和收集农业残留物的气候智能型农业的效益，为保持土壤碳水平和尽量减少温室气体排放（包括一氧化二氮）提供方法。

三是从保持土壤碳水平和减少温室气体排放的角度，阐释使用土壤改良剂对农业残留物数量和质量的影响。

2. 提高土壤固碳水平和能源作物农业效益的策略

该子主题领域项目致力于开发新的工具、技术、模型，以确定应用生物炭产生的农业效益。其重点关注的技术方法，包括但不限于以下三个方面。

一是在多个地点进行研究，了解不同类型的生物炭在不同土壤和环境中可产生的农业效益和土壤碳效益。

二是应用多种工具（包括模型）和方法，以量化施用不同生物炭时的土壤固碳量。

三是对这些项目中使用各种材料（如木质生物质、污泥、城市固体废物等）生产的生物炭进行特性描述，以确定能够在不同土壤类型中被长期封存的碳的关键特性。

（二）藻类作物保护

该主题领域项目着重于开发藻类保护的方法，涵盖的内容包括但不限于以下七个方面。

一是通过定向进化、基因改造或者育种等方式开发抗虫害菌株。

二是确定感染的遗传标记，并将其作为成功缓解虫害战略的目标。

三是改变池塘培养基的组成部分、减少培养时间或者使用添加剂等来减轻虫害。

四是开发机械方法来保护作物，如清除或有选择地消灭害虫等。

五是合理配置混养系统，提高藻类养殖的稳定性、适应性和效益。

六是研究水等介质的回收、再利用以及与作物保护有关的回收策略。

七是将多种作物保护方法整合成一个成功的栽培策略，类似农业中的综合虫害管理策略。

三、与 EPA 合作开发生物燃料

2025 年 1 月，DOE 和 EPA 宣布联合为三个项目提供 600 万美元的资金支持，以推动生物燃料的发展。

这三个项目分别是纽约布鲁克林的航空控股公司——生物源二氧化碳转化为可持续航空燃料项目、加利福尼亚都柏林的 Erg Bio 公司——应用 ASPIRE 原料的灵活生物质分解和转化技术预中试规模生产项目、新罕布什尔州汉诺威的 Terragia 生物燃料公司——利用工程嗜热菌将玉米秸秆转化为乙醇的技术。

入选的项目分布在美国的三个州，它们将推动以生物质和废弃物为原料的生物燃料技术的开发利用，支持 DOE 提出的“推动可持续航空燃料发展”这一重大目标。三个项目将通过《通胀削减法案》获得资助。这笔资金将基于综合生物精炼技术来扩大预中试生产规模，进而推动先进生物燃料的发展。这三个项目将专注于以下三个方面。

一是提高生物燃料的生产效率。开发新的生物燃料生产技术和工艺，以提高生产效率和降低生产成本。例如，研究如何优化生物燃料的发酵过程，以及如何利用新型催化剂来提高生物燃料的产量。

二是扩大生物燃料的原料来源范围。探索使用更多类型的原料（包括农业废弃物、林业剩余物和藻类等）来生产生物燃料。这将有助于减少对传统燃料的依赖，并提高生物燃料发展的可持续性。

三是提升生物燃料的性能。研究如何提升生物燃料的性能，使其更适用于现有的交通运输基础设施。例如，致力于提高生物燃料的能量密度和低温流动性，以确保其在寒冷气候条件下仍可有效使用。

实施这些项目有助于发展新技术，以满足 EPA 关于可再生燃料标准计划的要求，减少温室气体排放量，扩大美国可再生燃料行业的规模，同时减少对进口运输燃料、取暖油和航空燃料的依赖。

第四篇

美国等国家生物制造政策经验总结

生物制造近年来受到普遍重视，主要国家纷纷将其提升到国家战略高度，出台了相关文件予以支持，如英国发布《工程生物学国家愿景》、韩国颁布《合成生物学促进法案》、澳大利亚发布《国家合成生物学路线图：确定澳大利亚的商业和经济机会》。在深入分析美国等发达国家在生物制造产业政策制定和实施经验的基础上，本篇结合我国生物制造产业发展情况，从加强顶层设计和组织实施、完善市场准入制度、优化生物制造标准体系、健全知识产权保护机制、建设产业发展人才队伍、建立可科学运行的统计制度等方面，提出推动我国生物制造产业高质量发展的建议。

第九章　美国生物制造政策的制定、实施经验

第一节　政策制定的经验

美国高度重视推动生物制造产业发展，开展了深入细致的与生物制造相关的研究和论证工作，投入了大量的人力、物力资源，陆续出台了一系列具有前瞻性和指导性的政策文件。这些文件聚焦生物制造产业的关键环节，旨在全方位、多层次地为美国生物制造产业的蓬勃发展奠定坚实基础。近几年，结合“制造业回流”这一重大政策诉求，大力发展生物制造被视作推动美国制造业发展、构建美国本土完整产业生态的重要政策路径，承载着提升美国未来产业竞争力的“厚望”。相关政策的制定过程和经验有一定的参考价值。

一、明确行业定义，绘制产业发展蓝图

美国联邦政府在美国生物制造领域发挥着至关重要的引领作用，从宏观层面精心界定了生物经济及生物制造的定义。美国联邦政府发布了一系列政策文件和官方声明，详细阐述了发展生物经济及生物制造对于推动国家经济增长、社会发展和科技创新的深远意义，为整个行业描绘了一幅清晰且宏伟的发展蓝图。美国联邦政府明确规定了各部门在生物制造领域的具体职能，要求各部门充分认识到发展生物制造的重要性，切实加大对生

物技术的研究投入力度，不仅要关注基础科学的研究，还要注重将研究成果转化为实际应用；加强对生物制造行业的管理和规划，建立健全相关法律法规和标准体系，确保行业的健康、有序发展；强化生物制造相关政策落实，确保各项措施能够真正落地见效。

值得注意的是，从奥巴马政府到拜登政府，美国高度重视并积极推动生物制造的发展。奥巴马政府发布《国家生物经济蓝图》，为美国生物经济的发展指明了方向；特朗普政府召开美国生物经济峰会，汇聚各方智慧和力量，共同探讨生物经济的发展大计；拜登政府签署《生物制造行政命令》，进一步强调生物制造在国家发展战略中的重要地位。由此可见，美国推动生物制造产业发展的决心和长远布局。

二、组织开展技术分析，拆解未来技术路线

围绕生物制造的宏伟蓝图，2019—2022 年，美国联邦政府积极委托专业机构开展技术分析工作。其中，EBRC 肩负起了重要使命，连续发布了《工程生物学：下一代生物经济研究路线图》《微生物组工程：下一代生物经济研究路线图》《工程生物学与材料科学：跨学科创新研究路线图》《气候与可持续发展路线图》四个具有前瞻性和指导性的技术路线图。

以《工程生物学：下一代生物经济研究路线图》为例。该路线图对生物技术发展现状进行了深入且细致的分析，通过对全球工程生物学领域的研究成果、技术应用情况以及产业发展态势进行全面梳理，准确掌握了当前技术发展的水平和特点；运用科学的方法和模型，深入挖掘工程生物学的发展潜力，从技术创新的方向、可能面临的挑战以及潜在的应用领域等多个维度进行了深入探讨。在此基础上，该路线图进一步指出了具有针对性和可操作性的技术突破方向，如在基因编辑、生物合成途径优化等关键

领域的技术创新要点，并为每个阶段设定了明确且具体的里程碑目标，包括在未来 2 年、5 年、10 年和 20 年内要达成的技术创新目标和产业应用目标。为了确保这些目标的顺利实现，美国联邦政府须定期组织开展论证评估工作，基于严格的评审机制和监测体系，对目标的完成情况进行全面、客观的评估，以及时发现和解决存在的问题，确保技术发展按计划推进。

三、评估行业发展潜力，发布行业咨询报告

在制定出可行的技术路线图并进行充分论证的基础上，美国联邦政府高度重视生物制造发展潜力的评估工作。一方面，相关部门投入大量人力、物力，跟踪、收集与生物制造相关的各类数据，包括产业发展规模、企业盈利情况、市场需求的增长趋势等，并确保数据的全面性和准确性。同时，通过深入研究和分析，明确生物经济的具体范围——涵盖从生物技术研发、产品生产到市场应用的全产业链环节。另一方面，组织专业的评估团队，运用科学的评估方法和模型，对生物制造产业的发展现状进行全面评估，分析其在技术创新、满足市场需求、获取政策支持等方面所面临的机遇和挑战。

美国联邦政府还积极组织行业咨询机构、投资机构等开展生物制造产业规模增长潜力的深入研究。例如，在麦肯锡咨询公司发布的《生物革命：创新改变经济、社会和我们的生活》中，研究团队花费大量时间和精力，广泛收集了近 400 个具有代表性的生物技术应用案例，涵盖了医疗健康、农业、能源等多个重要领域。通过对这些案例的详细分析，研究团队选取了减轻疾病负担、提高生活质量、降低成本、提升环境效益共 4 个科学合理的评价指标，并进一步对这些指标所关联的技术的应用对经济增长的影

响进行了量化分析，为政府制定产业发展政策提供了有力的数据支持。该报告引起了美国社会各界对生物制造产业的经济价值和发展前景的广泛关注和深入讨论，凝聚了美国社会各界的发展共识，为美国相关政策的出台和实施营造了良好的舆论氛围。

四、颁布行政命令，顶层布局推动发展

在前期充分酝酿和细致研究的基础上，美国联邦政府以总统行政命令的形式发布《生物制造行政命令》，正式提出推进生物制造发展的整体规划。此外，紧密围绕经济社会发展的重点议题部署重点工作和任务，如优化应对气候变化解决方案、保障食品安全和促进农业创新、提高供应链弹性、保障人类生命健康以及推动跨领域发展等，并进一步明晰了通过发展生物制造拟实现的中长期目标，为生物制造产业的发展方向提供了清晰的指引。

同时，围绕研发创新、产能建设、产品审批、市场应用、数据共享、人才培养等生物制造产业发展的关键环节，美国联邦政府提出了一系列具体且有针对性的支持措施。在研发创新方面，加大科研经费投入力度，设立专项科研项目，鼓励企业和科研机构开展前沿技术研究。在产能建设方面，出台优惠政策，引导企业加大对生产设施建设的投入力度，提高企业的生产能力。在产品审批方面，优化审批流程，缩短审批时间，加速生物制造产品的上市进程。在市场应用方面，通过提供政策保障和资金支持，促进生物制造产品在各个领域的广泛应用。在数据共享方面，建立并完善数据共享平台，推动科研数据的开放和共享。在人才培养方面，加强企业与高校、培训机构的合作，开设相关专业和课程，培养一批高素质的生物制造专业人才。为了确保这些措施能够有效落实，美国联邦政府还提供了

相应的扶持资金，为产业发展提供坚实的资金保障；同时，要求各部门按期完成相关配套政策的制定，形成政策合力，共同推动生物制造产业加快发展。

第二节　政策实施的经验

一、强化顶层设计，加强部门协同

2022 年 9 月，时任美国总统拜登签署了《生物制造行政命令》。这是美国首次以总统行政命令的形式对生物制造进行顶层设计和系统谋划。《生物制造行政命令》颁布后，美国白宫从统筹协调和具体执行两个层面，加速推动落实，美国联邦政府各部门积极响应。

（一）在统筹协调层面

《生物制造行政命令》第 2 节（“协调”）内容中规定，由 APNSA、美国总统经济政策助理以及美国白宫科学和技术政策办公室主任肩负起协商与协调必要行动的关键职责，与内阁各机构负责人在符合适用法律的前提下，与业界等外部利益相关者进行磋商；学术界、非政府组织、社区、工会以及州政府推进相关政策。这一安排充分彰显出美国将生物制造视为“国家安全—经济竞争力—科技竞争力”三位一体的战略领域，并认为其对于美国在全球生物制造领域保持优势地位具有至关重要的作用。

此外，PCAST 在生物制造领域的相关事务中也发挥着至关重要的作用。PCAST 的成员涵盖了来自学术界、产业界以及其他领域的顶尖科学家、工程师和技术专家。其主要职责在于为美国总统和白宫提供关于科学技术政策、创新战略以及提升国家竞争力的专业建议，对美国明确科技发展方向具有直接且深远的影响。《生物制造行政命令》正式发布后，PCAST 迅速做出响应，于2022年12月发布了《生物制造促进生物经济发展》。

（二）在具体执行层面

美国财政部（USDT）、DOD、DOC、USDA、DOE、HHS等部门以及部分独立机构，在生物制造发展过程中扮演着较为关键的角色。例如，USDT充分发挥其配置资源和提供财政支持的作用，通过制定合理的财政补贴政策、税收优惠政策等，为生物制造企业减轻负担，提供资金保障，助力企业开展研发和生产活动。DOD从国家安全和军事战略的角度出发，在生物防御、军事医疗等特定领域制定并发布与生物制造技术研发和生产相关的支持政策，保障美国关键领域的生物安全。DOE针对生物能源这一重要领域，出台了一系列扶持政策，推进相关项目建设，助力能源结构调整和可持续发展。HHS着重关注生物医药领域的研发和生产，制定严格的药品审批和质量监管政策，同时提供科研资金支持，鼓励企业和科研机构开展新药物研发。

此外，美国联邦政府相关部门精心谋划，通过部署一批重点项目，全方位推动生物制造产业发展。这些重点项目涵盖了生物制造产业链上中下游各个环节，对从基础原材料的研发生产到核心技术的攻关创新再到终端产品的产业化应用都进行了明确的规划和布局。例如，在上游环节，部署了关键生物材料研发和生产项目，为生物制造产业发展提供稳定可靠的物质基础；在中游环节，重点支持生物反应器、生物合成平台等基础设施的研发和产业化项目建设，提高生物制造的生产效率和质量可控性；在下游环节，积极推动生物制造产品的大规模生产和推广应用，加快成果转化，使生物制造产业真正成为推动经济发展和保障民生的重要力量。

一是DOD实施并推进BioMADE项目和DBMIP项目，以提升生物制造生产能力。BioMADE项目旨在构建一个具备可持续性、端对端的工业生物制造生态系统。DBMIP 项目旨在充分调动企业积极性，应用生物技术生产国防领域需要的各类物资，以增强美国制造能力，有效降低食品、燃料、营养、制造等关键领域的供应链风险。

二是 DOC 致力于构建区域技术中心来推动生物技术创新。EDA 启动“技术中心计划”，旨在为美国打造一个包含生物技术的多元化关键技术生态系统，确保其在未来 10 年内保持全球领先地位。《芯片和科学法案》已明确授权为该计划提供 100 亿美元的资金支持。

三是 DOE 着重对生物质能源的开发予以支持。例如，BETO 为将生物质能转化为生物燃料和生物产品的具有广阔前景的技术创新与研发提供 1.51 亿美元的资金支持。FECM 拨款 8000 万美元用于支持针对生物质和废弃物原料的研究，并提供超过 4000 万美元用于支持与工业相关的生物催化剂、微生物的研究。OCED 宣布实施一项 2 亿美元的联邦成本分担项目，该项目将应用于利用生物技术制取绿氢和生产清洁能源乙醇、乙烯。

四是 NSF 聚焦生物制造产业链与创新链的关键环节，着力推进重点项目建设。投资 2600 万美元专用于建设 CURB，致力于推动以二氧化碳为原料的电—生物耦合生物制造系统的建设工作。积极推进高校、企业以及研究机构等多元研发主体的协调沟通，精心建设 5 个生物铸造厂，并提供 7500 万美元资金支持。同时，出台一系列针对性措施，以促进生物制造领域核心技术、工艺以及数据库等基础资源的共享。联合国际合作伙伴，共同投入 1500 万美元资金，建设 GCSB、可靠且具备可扩展特性的生物铸造厂以及 IBMC，推动废弃生物质和藻类原料利用技术的创新，促进标准化生物铸造厂的建设。

为了进一步加强相关工作的统筹协调，美国于 2024 年 3 月正式成立了美国国家生物经济委员会。该委员会由 OSTP、DOC 以及 DOD 的负责人共同担任负责人，同时汇聚了来自美国国务院（State Department）、美国司法部（DOJ）、美国国家航空航天局（NASA）、NSF、DHS、HHS、DOE、USDA 以及 ODNI 的代表。此外，美国还充分利用政产学研的协同优势，积极发挥 EBRC 等智库的作用。

二、深入组织实施，构建政策体系

自《生物制造行政命令》正式颁布之后，美国白宫充分发挥统筹协调作用，积极协调 DOD、DOE、DOC、USDA、HHS 等部门。各部门充分发挥职能优势，陆续出台了 20 余项支持生物制造发展的政策。对美国联邦政府各部门出台的相关响应政策进行全面且细致的梳理可发现，近年来，美国构建了一套完备的政策体系，涵盖了目标指引、要素支撑以及政策措施保障三个重要维度，全力推动美国生物制造产业快速、健康发展。

（一）明确未来发展目标

在美国生物制造领域战略布局中，2023 年 3 月是具有标志性意义的时间节点。OSTP 发布了《美国生物技术和生物制造远大目标》这一具有引领作用的文件。该文件从宏观视角对美国未来 20 年内生物制造的发展方向进行了清晰规划，并建立了详细且具有可操作性的“三级”目标体系。第一级涵盖提高产业链供应链弹性、促进生命健康产业发展、提升食品生产供给能力、优化应对气候变化的解决方案以及推进生物经济创新发展五个板块。第二级是每个板块下进一步细化的发展路径和重点方向，共计 21 项任务。例如，“提高产业链供应链弹性”板块涵盖从原材料供应的稳定性、生产流程的连续性到物流配送的高效性等多个具体方面的任务；“促进生命健康产业发展”板块则涉及研发新的生物技术用于疾病预防、诊断以及治疗等多个维度的任务。第三级是每项任务下的具体子目标，共计 49

个。这些子目标为各项任务的开展提供了更为明确的要求，确保每一项任务都能有的放矢。该文件不仅明确了目标，还为每个目标都配套规划了重点研发工作。以生物技术在食品生产和供给中的应用为例，该文件明确规定要开展基因编辑技术研究，旨在培育出具有更强抗病虫害能力、更高产量的农作物品种，从而提升食品生产和供给能力。

美国联邦政府各部门积极行动，共同推动生物制造目标的有效落实。DOC、HHS、USDA、DOE 和 NSF 充分发挥各自的专业优势和资源整合能力，分别牵头编制相关文件。DOC 从产业政策和市场机制的角度出发，深入研究在当前全球经济格局下，美国如何通过优化贸易政策、完善市场准入制度等措施，提升生物制造产业的国际竞争力，进而提高产业链供应链弹性。HHS 聚焦人类健康领域，关注生物制造技术在医药研发、个性化医疗等领域的应用，致力于推动生物制造产业在生命健康领域的创新发展。例如，设立专项科研基金，鼓励科研机构开展生物制药技术的创新研究，以加快新药研发进程，提高疾病治疗的效果。USDA 致力于通过生物技术创新提升农作物品质和产量、优化农业生产方式、减少对传统化学农药和化肥的依赖，在实现提高食品供给能力的同时，更好地应对气候变化。DOE 站在促进能源可持续发展的角度，探索生物制造在推动生物能源开发与利用方面的潜力，通过研发高效的生物转化技术，将生物质转化为清洁、可再生的生物能源，为美国能源结构的优化贡献力量。NSF 注重从基础研究层面提供支持，鼓励科研人员开展前沿生物科学技术研究，为生物制造产业的长远发展提供坚实的理论基础和技术储备。

（二）强化关键要素支撑

生物制造产业的发展离不开多个关键要素的有力支撑，美国采取了一系列具有针对性的政策和措施，全力强化数据、原料、人才、基础设施等要素的支撑能力。

数据是生物制造产业发展的重要驱动力。OSTP 认识到数据在生物经济中的核心价值，积极推动落实生物经济数据相关倡议，成立了跨机构工作组，汇聚了来自不同领域的专业人才，共同研究生物经济数据的发展趋势和应用需求。在此基础上发布的《生物经济数据倡议》，为生物制造领域数据的管理与应用绘制了清晰的蓝图。该文件明确提出要建立统一的数据标准，打破数据壁垒，促进数据的流通与共享。通过开展跨机构合作，整合各领域的数据资源，构建生物经济数据库，为生物制造产业提供全面、准确的数据支持，帮助企业更好地把握市场动态、优化生产流程、提升决策效率。

原料供应是生物制造产业发展的根基。USDA 深知其重要性，发布了《建立有弹性的生物质供应体系：促进美国生物经济发展的计划》。该计划围绕生物质原料的开发、管理等方面展开全面布局。在生物质原料开发方面，积极鼓励农业企业和科研机构研究与开发新型生物质原料，拓宽生物质原料来源渠道。例如，探索利用农业废弃物、林业剩余物等作为生物制造的原料，实现资源的循环利用。在生物质原料管理方面，通过建立现代化的仓储和物流体系，提高生物质原料的储存和运输效率，降低物流成本。同时，加强对生物质原料市场的监管，稳定原料价格，保障生物制造企业原料供应的稳定性，为产业发展提供坚实的物质基础。

人才是推动生物制造产业发展的关键力量。美国白宫发布《生物人才计划》，充分体现了对人才培养的重视。该计划制定了一系列政策，旨在吸引更多优秀人才投身生物制造领域。在教育方面，加大生物科学相关专业建设力度，设立专项奖学金，鼓励高校学生攻读生物科学相关专业，培养掌握扎实专业知识的后备人才。在人才培养体系建设方面，推动高校与企业开展深度合作，建立产学研协同培养模式，让学生在实践中积累经验，提高实际操作能力。此外，为保障人才能公平地进入生物技术、生物制造相关行业工作，该计划还制定了相关政策，以消除就业歧视，确保不同学历、专业背景的人才都能凭借自身能力在生物制造领域大显身手。

完善的基础设施是生物制造产业发展的重要基础。美国通过政策引导，加大对生物制造基础设施的建设和改造力度。一方面，鼓励企业加大对生产设施的投资力度，引进先进的生物制造设备和技术，提高生产效率和质量稳定性。另一方面，加强对基础设施建设项目的规划和指导，促进区域内的产业布局优化，形成产业集聚效应，降低企业的运营成本。同时，美国联邦政府还为基础设施建设项目提供财政补贴和税收优惠等政策支持，以吸引更多社会资本，推动生物制造基础设施的不断完善。

（三）加强政策措施保障

美国联邦政府充分认识到加强政策措施保障对于推动生物制造产业发展的重要性，积极从简化审批流程、优化测量评估方法、强化安全保障等多个关键维度入手，出台了一系列具有针对性的文件，为生物制造产业的持续健康发展构筑坚实的政策屏障。

在简化审批流程方面，EPA、FDA 和 USDA 联合发布《生物技术监管协调的框架》。过去，生物制造产品的审批涉及多个部门，审批流程复杂、周期长，严重制约了产品的上市速度，影响了企业的发展活力。该文件的制定经过了精心设计和充分论证，破除了部门壁垒，建立了统一的协调机制，实现了信息共享和高效沟通。通过优化审批流程，减少不必要的审批环节，明确各部门的审批职责和时间节点，产品从研发到上市的周期大大缩短，企业的运营成本降低，市场响应速度提高。

在优化测量评估方法方面，NIST 发布的《美国生物制造经济》发挥了关键作用。生物制造产业作为新兴产业，其规模的测量和评估一直缺乏统一、科学的标准。NIST 针对这一现状，深入研究生物制造产业的特点和发展规律，建立了涵盖增加值、供应链、成本、可持续性和效率等多个维度的综合评估体系。通过对这些关键指标进行精确测量和分析，NIST 能够全面、客观地评估生物制造产业的发展状况和经济效益。这不仅能帮助企业更好地了解自身在行业中的地位和行业发展动态，为企业提供决策依据；也能为美国联邦政府制定产业政策提供精准的数据支撑，有助于美国联邦政府更加科学合理地制定产业发展路径。

在强化生物安全保障方面，HHS 与 DHS 于 2024 年 12 月联合颁布的《生物安全与生物安保计划》具有深远意义。随着生物制造技术的快速发展，生物安全与生物安保问题日益凸显，该计划从多个层面提出了一系列创新举措。在法律法规建设方面，不断完善与生物安全和生物安保相关的法律法规，明确责任主体和处罚标准，为产业发展营造良好的法治环境。在技术研发与应用方面，加大对生物安全监测、防控技术的研发投入力度，建立先进的监测预警体系，及时发现和应对潜在的生物安全威胁。同时，加强对企业的安全监管，强制企业落实生物安全保障措施，确保生产过程的规范化和安全性。这些综合措施有效兜牢了产业发展的安全底线，为美国生物制造产业的稳健发展保驾护航。

在生物制造产业政策体系的构建过程中，美国通过采取全方位、多层次的举措，将目标指引、要素支撑和政策保障有机融合在一起，为生物制造产业的繁荣发展奠定了坚实基础。

第十章　其他国家生物制造政策经验及对我国生物制造产业发展的建议

第一节　部分国家生物制造政策制定情况

近年来，生物制造受到各国的普遍重视，部分国家将其提升到国家战略高度，出台了相关法律法规和政策文件予以支持，如英国发布《工程生物学国家愿景》、韩国颁布《合成生物学促进法案》、澳大利亚发布《国家合成生物学路线图：确定澳大利亚的商业和经济机会》等。

一、英国发布《工程生物学国家愿景》

英国政府将工程生物学定义为生物衍生产品和服务的设计、推广及商业化应用。英国政府认为，工程生物学推动了生物经济的发展，有望改变现有行业格局并调整供应链，培育新兴产业，助力解决全球性问题。2023年12月，英国科学、创新和技术部发布《工程生物学国家愿景》，制定一系列针对性举措以构建丰富且完善的工程生物学生态系统，抓住工程生物学发展带来的诸多机遇。具体措施包括以下六个方面。

一是成立指导小组。除英国生物安全领导委员会外，成立独立的工程生物学指导小组，为工程生物学的发展提供更为专业、细致且具有针对性的指导与规划，小组成员包括来自学术界、企业界的领导者和创新者。其中，学术界的精英在生物学、工程学等领域拥有深厚的学术造诣，可以提供坚实的理论基础和清晰的研究方向指引。同时，要充分利用企业界在大规模生产、商业化运营等方面积累的丰富经验，从产业化的角度为工程生物学的发展提供切实可行的建议，助力工程生物学研究成果顺利实现从实验室到市场的转化。此外，初创企业等新锐力量凭借敏锐的市场洞察力和勇于创新的精神，推动工程生物学的创新与发展。

二是加大研发投入力度。聚焦工程生物学基础研究及其面临的关键挑战，推动创新突破，加速新产品研发。未来10年，英国将投入20亿英镑，以支持基础研究与成果转化应用的平衡发展。对有助于提升DNA测序水平以及功能预测能力的相关研究项目给予资助，从而有力促进新的应用模式与创新成果的涌现。此外，工程生物学与其他诸多领域的交叉融合程度日益加深，相关资金将着重用于推动多学科交叉研究，特别是要促进工程生物学与人工智能、机器学习以及自动化等前沿领域的有机融合。

三是完善基础设施。制订专项计划，完善实验室创新及试点阶段创新需要的基础设施。深入探究多种公共与私人资助模式，并通过多元化途径，提高研究基础设施的可及性，为创新活动提供坚实的物质基础与资金保障。通过优化供应链布局、加强供应链各环节的协同合作等方式，有效降低工程生物学生态系统运行的成本与复杂程度，确保整个生态系统的稳定、高效运行。调整基础设施布局模式，分布式模式需要英国结合实际状况进行合理规划，建设高度适配的基础设施；集中式模式则需要着重发挥资源整合的优势，集中专业力量，形成显著的规模效应。

四是加强人才培养。设立“发现奖学金”等各类奖学金项目以及博士培训项目，投入2亿英镑资金，为工程生物学等领域的顶尖人才提供资助，帮助他们在英国开展具有开创性的研究工作。此外，在充分利用英国国家科研与创新署现有的博士培训中心资源的基础上，进一步加强对工程生物学领域的博士培养。积极开展国际交流互动，以及深入的科学、贸易和技术交流活动，深化对全球生物经济技术市场的理解，推动国际合作中技能与知识的共享与互补。

五是优化规章和标准。借助 2023 年构建的工程生物学监管机构网络，积极探寻监管机构之间的合作契机，强化监管机构之间的协作，促进相关知识与最佳实践成果的分享。启动“工程生物学‘监管沙盒’”项目，通过构建工程与生物学监管机构网络，率先设立 3 ~ 5 个“监管沙盒”，针对产品质量与安全性展开深度分析，以有效应对当前最为紧迫的监管挑战，并把握其中的机遇。积极牵头制定负责任且公平的标准，充分发挥标准化建设在加快创新进程方面的关键作用。目前，依托英国国家物理实验室与英国国家测量基准研究中心，英国全力推动工程生物学和计量学的发展。携手国际合作伙伴，共同促进相关国际标准在全球范围内的有效实施。

六是加快推广应用。切实保障投资者与客户能够全面、深入地理解工程生物学领域蕴含的市场潜力，明确知晓能够通过哪些有效渠道在英国国内探寻相关的企业资源与创业人才资源，尤其要注重挖掘除工程生物学领域之外的人才。与此同时，企业应具备敏锐的市场洞察力，精准把握潜在客户的核心诉求与具体要求，从而在产品设计阶段便精心研发出契合市场需求、广受欢迎的产品与工艺，以此吸引商业投资，推动企业的稳健发展。为助力英国工程生物学领域的企业成功对接投资者与客户，英国商业贸易部于 2024 年举办了工程生物学领域的企业展会。该展会聚焦于工程生物学领域处于领先地位的英国企业及其创新成果，旨在为推动该领域的发展搭建优质平台。

二、韩国颁布《合成生物学促进法案》

近年来，韩国高度重视合成生物产业的发展。2022 年 11 月，韩国科学技术信息通信部正式发布了《国家合成生物学倡议》，明确提出“发展合成生物学，加快国家生物制造创新”的战略愿景。2023 年 10 月，韩国进一步推出了《合成生物学核心技术开发及扩散战略》，规划了涵盖六大领域的合成生物学技术开发路线图，并计划实施九大研发项目，以推动韩国合成生物学技术水平的提升。2025 年 4 月，韩国正式通过了一部旨在促进其合成生物学发展的法案——《合成生物学促进法案》。这部具有里程碑意义的法案，凝聚了韩国在合成生物学领域的诸多探索与实践经验，充分彰显了其对这一新兴产业的高度重视和前瞻性布局。该法案的核心目标是从国家层面全面、系统地推动合成生物学的研究和开发，提升韩国国家竞争力。韩国成立以 5 年为周期的促进合成生物学发展基本计划的制定机制，明确合成生物学中长期发展目标及实施路径，确保政策的连贯性和前瞻性。此外，成立韩国合成生物学发展委员会及相关机构，为合成生物学的可持续发展搭建组织保障体系，推动跨部门政策高效协同。《合成生物学促进法案》中的主要政策措施如下。

（一）加强顶层设计部署

《合成生物学促进法案》明确规定，韩国科学技术信息通信部须充分调研和吸纳各方意见，结合国内外科技发展趋势以及国家战略需求，每 5 年精心制定一项促进合成生物学发展的规划，不仅要明确中长期政策目标，还要为未来的发展方向提供精准指引，确保合成生物学的研究和成果应用能够紧密围绕国家发展需求有序推进。此外，设置专门机构负责政策的执行、评估以及再优化工作，通过建立专业化、精细化的管理模式，提高政策的执行效率和效果。

（二）加快基础设施建设

韩国设立了研发专项资金，打造了研发基地机构网络，为科研人员提供了优越的研究条件和先进的研究平台。同时，积极建设和运营生物铸造厂，推动合成生物学基础研究与产业应用的深度融合，加速科技成果的转化。例如，发布“生物铸造厂建设计划”，重点推动生物技术与数字技术深度融合，实现生物制造研发、生产、管理等全流程的数字化、标准化、智能化，使基因组和蛋白质等的生物设计和生产效率提升 10 倍。未来，韩国还计划在优势区域内建设多个“专业化细胞工厂”，通过发挥集群效应推动生物制造产业高质量发展。

（三）深化国际交流合作

依托现有的国际科研平台和学术交流机制，韩国与全球发达国家建立了战略合作伙伴关系，构建广泛的国际合作网络，积极开展国际合作项目，不断提升韩国在全球合成生物学领域的影响力。例如，联合开展前沿技术攻关和标准制定工作，汲取国际成熟经验，并在共同应对公共卫生、能源安全等全球性挑战中发挥积极作用。与世界卫生组织合作建立全球生物制造培训中心，开设有关生物制造的综合课程，并面向全球提供关于相关操作和生产实践的培训机会。

三、澳大利亚发布《国家合成生物学路线图：确定澳大利亚的商业和经济机会》

澳大利亚充分认识到合成生物学在工业、农业、医疗、环境等关键领域的巨大潜力，将其作为重点发展产业。2021 年 8 月，澳大利亚联邦科学与工业研究组织（CSIRO）正式发布了《国家合成生物学路线图：确定澳大利亚的商业和经济机会》。该路线图明确了澳大利亚推动合成生物学发展的重要战略意义，深入探讨了澳大利亚在加速合成生物学技术应用示范、推动规模化生产以及促进商业化应用落地等方面的具体举措。此外，该路线图还对2021—2040年的发展目标进行了系统且周密的规划，涵盖了优先行动方向以及一系列具体且具有可操作性的发展建议，旨在有序推动澳大利亚合成生物学高质量发展。

（一）第一阶段（2021—2025年）：加强基础设施建设，增强产业发展后劲

一是大力推动共享基础设施建设。对于澳大利亚生物技术领域的重要部门和机构，加大用于升级软硬件设施的资金投入力度：一方面，升级先进的实验仪器设备，确保科研工作的严谨性；另一方面，整合丰富的科研数据资源，搭建科研信息共享平台。此外，建设可与转基因生物相关科研机构和企业合作的试点及示范设施，为生物制造产品的大规模商业化生产积累技术经验。

二是成立澳大利亚生物经济领导委员会。该委员会汇聚来自政府、科研机构和企业界的资深专家和权威人士，他们积极利用自身积累的丰富经验和专业知识，为政府制定相关产业政策提供全面且具有前瞻性的建议，确保合成生物学的技术应用在契合澳大利亚发展需求的前提下稳步推进。同时，澳大利亚加强对经济、数学以及生物物理学等基础学科建设的持续投入，打造专业的科研实验室。加强产业研究合作，鼓励科研机构与企业开展深度合作，促进科研成果的快速转化。

三是吸引国际企业和人才。吸引国际企业到澳大利亚投资以及加强国际合作研究，对于澳大利亚合成生物学发展具有十分重要的意义。为此，澳大利亚制定了税收减免等一系列优惠政策，同时积极搭建投资交流平

台，举办国际生物技术投资峰会，向全球企业和投资者展示澳大利亚在合成生物学领域的优势。

四是加强能力建设和商业可行性论证。采取有针对性的投资策略，并设立专门的科研项目基金，为具有较大商业潜力的合成生物学研究项目提供资金保障。同时，大力推行“生物孵化器计划”，打造高水平、专业化的生物孵化器，营造良好的创业生态环境，吸引专业的科研团队和创业者入驻。生物孵化器可提供办公场地、实验设备等一系列基础设施，并提供专业的创业指导和技术咨询服务，全力促进研究成果转化和新兴产业培育。

（二）第二阶段（2026—2030 年）：重点推进技术创新和市场应用

第一阶段重点建设的生物孵化器所提供的共享基础设施将逐渐成为研究重地，为特定领域和终端市场提供坚实支撑。例如，在生物制造领域，共享基础设施为企业提供了高效率、低成本的生产环境，促进产品的快速迭代和质量提升；在农业领域，配备相关基础设施有助于研发出更优质、更安全的农产品，满足市场对于高品质产品的需求。在此基础上，第二阶段，澳大利亚政府对资金投入方向进行了重要调整，将更多资金投向具有市场潜力的项目，而不是继续大规模投向共享基础设施建设。澳大利亚政府将依据市场需求和产业发展趋势，精准筛选具有竞争力的项目，以资本为纽带，加强企业间的合作与交流，加速产业规模化发展。

（三）第三阶段（2031—2040 年）：全力推进合成生物学科研成果的商业化应用

随着全球合成生物学的不断发展，澳大利亚紧密围绕国家发展战略展开行动。持续评估新兴产品应用的可行性，建立完善的市场监测体系，及时捕捉市场动态和技术发展趋势。同时，加强产学研用深度融合，促进科研成果与市场需求的无缝对接，确保新兴产品能够真正落地生根，为澳大利亚的经济社会发展注入新的活力。

第二节　对我国生物制造产业发展的建议

一、我国现有生物制造相关政策部署情况

在我国经济与社会发展的进程中，生物制造产业的重要性日益凸显，党中央、国务院高度重视生物制造产业健康发展。党的二十大报告高瞻远瞩地指出，“构建新一代信息技术、人工智能、生物技术、新能源、新材料、高端装备、绿色环保等一批新的增长引擎”，为我国产业发展指明了方向。生物制造作为生物技术在制造业领域的应用，自然而然地成为重点关注对象。2022 年中央经济工作会议提出，加快新能源、人工智能、生物制造、绿色低碳、量子计算等前沿技术研发和应用推广，这对于推动生物制造技术创新与应用落地，提升我国生物制造产业竞争力具有重要意义。2022 年中央经济工作会议提出加快生物制造等前沿技术研发和应用推广，2023 年中央经济工作会议提出打造生物制造等若干战略性新兴产业，凸显生物制造在推动我国产业结构升级、培育新的经济增长点方面的关键作用。此外，2024 年政府工作报告明确指出，要“积极打造生物制造、商业航天、低空经济等新增长引擎”；2025 年政府工作报告提出，要“建立未来产业投入增长机制，培育生物制造、量子科技、具身智能、6G 等未来产业”。为贯彻落实党中央、国务院关于生物制造产业发展的决策部署，有关部门积极响应，发布政策文件，为推动生物制造产业的发展提供坚实的政策保障。

2022年5月，国家发展改革委印发《"十四五"生物经济发展规划》，提出"依托生物制造技术，实现化工原料和过程的生物技术替代，发展高性能生物环保材料和生物制剂，推动化工、医药、材料、轻工等重要工业产品制造与生物技术深度融合，向绿色低碳、无毒低毒、可持续发展模式转型"。

2022年6月，科技部、国家发展改革委、工业和信息化部等九部门联合印发《科技支撑碳达峰碳中和实施方案（2022—2030年）》，统筹提出支撑2030年前实现碳达峰目标的科技创新行动和保障举措。该方案明确提出"研究基于生物制造的二氧化碳转化技术，构建光—酶与电—酶协同催化、细菌/酶和无机/有机材料复合体系二氧化碳转化系统，制备淀粉、乳酸、乙二醇等化学品"。

2023年1月，工业和信息化部、国家发展改革委、财政部、生态环境部、农业农村部和国家市场监督管理总局联合印发《加快非粮生物基材料创新发展三年行动方案》，从创新发展、示范引领、应用拓展、生态培育四个方面设定了全面且具体的目标。在仔细阅读并分析该文件后，可总结提炼出以下内容：在创新发展层面，高效工业菌种与酶蛋白元件不断丰富，非粮生物质利用共性技术要取得突破，大规模糖化技术基本成熟；在生态培育方面，形成5家左右具有核心竞争力、特色鲜明、发展优势突出的骨干企业，建成3～5个生物基材料产业集群，产业发展生态不断优化，推动非粮生物基材料产业迈向新的发展阶段。

2023年7月，工业和信息化部、国家发展改革委、商务部联合印发《轻工业稳增长工作方案（2023—2024年）》，对生物制造产业给予了重视和肯定。该文件中不仅提及生物制造产业的发展方向，如加快生物制造产业发展顶层设计，为产业的长远发展提供清晰的规划和指导；而且强调加快非粮原料应用，挖掘非粮原料在生物制造产业中的潜力，提高资源利用效率；同时，还积极鼓励支持有条件的地区开展生物基材料、非粮原料生物能源等产品应用试点，探索不同地区生物制造产业的发展模式和创新路径。

2024 年 1 月，工业和信息化部、教育部、科技部等七部门联合印发了《关于推动未来产业创新发展的实施意见》，为未来产业的发展指明了方向，提出“加快工业元宇宙、生物制造等新兴场景推广，以场景创新带动制造业转型升级”。

2024 年 2 月，工业和信息化部、国家发展改革委、财政部等七部门联合印发了《关于加快推动制造业绿色化发展的指导意见》，强调“聚焦‘双碳’目标下能源革命和产业变革需求，谋划布局氢能、储能、生物制造、碳捕集利用与封存（CCUS）等未来能源和未来制造产业发展”“发挥生物制造选择性强、生产效率高、废弃物少等环境友好优势，聚焦轻工发酵、医药、化工、农业与食品等领域，建立生物制造核心菌种与关键酶创制技术体系”，将发展生物制造产业作为推动制造业绿色化发展和实现“双碳”目标的关键环节。

二、对我国加快推动生物制造发展的建议

在总结其他国家生物制造发展经验和教训，并深入剖析我国生物制造相关政策部署情况的基础上，笔者结合实际情况，提出相关政策建议，助力推动我国生物制造产业高质量发展。

（一）加强顶层设计和组织实施

一是建立部门联合协调机制，统筹协调资金、人才、设施等资源，推动生物制造重大规划、政策以及工程项目的实施。

二是建立部省会商、央地联动机制，指导各地的行业主管部门结合实际出台支持生物制造发展的配套政策，支持有产业基础的地区推进生物制造产业集群建设。

三是成立生物制造专家咨询委员会，会同有关高校、科研机构、专业智库共同开展前瞻性、重大问题研究，组织开展生物制造理念普及、成效宣传、经验推广等活动。

四是发挥行业组织的桥梁纽带作用，助力政策研究落实、标准制定与修订、创新成果推广应用、国际交流合作等，加强行业自律和促进行业规范健康发展。

（二）完善市场准入制度

一是按照鼓励技术创新和产业化应用、减轻企业负担、监管要求与风险等级相匹配原则，尽快构建生物制造产品生物安全评价和管理制度。成立生物安全评价委员会，对生物制造产品生产过程中使用的基因工程菌及其他生物的安全性进行科学评价，为国家制定相关政策、标准提供专业意见和建议；制定生物制造产品生物安全评价指南和标准，简化审批手续，明确不同底盘菌种、外源基因来源途径以及基因操作方法的生物安全风险等级，并形成明确的申报路径和时间进度安排。

二是建立健全生物制造产品标识制度，完善碳足迹认证等第三方评价认证体系，积极引导市场消费；鼓励有条件的地区开展生物制造产品应用试点，在工业制造、住宿餐饮、日化消费、物流服务、交通运输、环境保护等领域，加大政府对生物制造产品的采购力度，鼓励机关和企事业单位在同等条件下优先采购生物制造产品；针对生产技术成熟、具有一定市场竞争力的生物制造产品，通过提供价格补贴等方式，加快其推广应用。

（三）优化生物制造标准体系

一是推动构建由政府主导制定的国家标准、行业标准与由市场主体自主制定的团体标准、企业标准互补配套的新型的生物制造标准体系，促进产业链上下游标准有效衔接。

二是加快生物制造产品质量、技术导则、工艺流程及检测方法等标准的制定与修订，建立健全生物制造相关标准立项和报批绿色通道机制。

三是聚焦生物制造重大关键技术领域，建立科技研发项目与标准化工作的联动机制，同步部署科研攻关和技术标准研制工作，加快实现基因编辑、高通量筛选等先进技术研发以及科技成果转化。

四是开展生物制造领域碳达峰碳中和、污染物排放及控制、废弃物综合利用等方面标准的研制工作，推动生物制造绿色低碳发展，推进生物制造产品、工厂、园区的绿色评价标准研究与应用。

五是支持行业协会和企业围绕生物制造发展需求，制定原创性、高质量的团体标准和企业标准，填补关键领域标准空白。积极参与生物制造关键领域国际标准制定，加大对适用的国际标准的采标力度。

（四）健全知识产权保护机制

一是加大生物制造知识产权保护力度，增强生物制造创新主体的知识产权保护意识，鼓励龙头企业牵头建立行业内知识产权联盟，发布联盟知识产权运营计划并制定知识产权纠纷联合应对机制，提升企业知识产权风险防范能力。

二是深化科技成果使用权、处置权和收益权改革，开通生物制造领域知识产权申请“绿色通道”，加快成果审查审批，完善对商标恶意注册和非正常专利申请的快速处置联动机制，确保成果得到有效保护。

三是培育面向生物制造领域的国际化、专业化知识产权运营服务机构，提供知识产权全链条运营服务。

四是建立产业专利导航决策机制，推进专利导航服务基地建设，促进知识产权保护与生物制造产业发展深度融合，助力培育高价值专利。

（五）建设产业发展人才队伍

一是支持合成生物学、基因编辑学等前沿交叉学科建设。依托重点高校、科研院所建设人才培养基地。利用高校丰富的教学资源、科研设施、专业研究积累等，优化相关人才的培养方案，推进高素质复合型生物制造人才培养。

二是加强产教深度融合。推进生物制造领域人才在企业、高校及科研院所间的交流、互聘、共享，加强产业项目的合作研发，围绕关键技术难题协同攻关，同时注重创新团队建设和产业人才培养。

三是建立健全人才遴选、评估和激励机制。遴选标准和评估方法要多元化，激励政策应具有针对性。畅通人才职业发展通道，打破晋升壁垒，开展培训以提升人才素质，提高就业质量，优化人才发展生态，吸引人才投身生物制造领域。

（六）建立可科学运行的统计制度

一是以生物合成的食品、药品、化学品、材料、能源等生物制造重点领域为核心，研究建立生物制造代表性行业规模的统计与测算体系，并基于该体系建立生物制造产业发展监测体系，为持续补短板、锻长板提供政策制定依据。

二是研究制定生物制造产业统计分类标准与统计工作的实施办法，规范各地关于生物制造企业的数据归口与测算工作，保证统计口径一致。

三是跟踪研究生物制造产业发展过程中出现的新技术、新模式，适时修订更新产业分类与统计标准，以满足生物制造产业发展与管理的新需求。

四是密切跟踪国内外生物制造技术、产业、政策、市场等方面的发展情况，建立长效监测机制，及时预判发展趋势和潜在风险，为企业选择技术路线等决策提供信息支持。

五是建立和完善生物制造领域的系统性统计指标体系，加强产业运行监测和分析，定期发布细分行业、细分区域生物制造相关指数，鼓励第三方机构开展生物制造渗透率评估。

附　录

附表1　美国生物制造领域部分文件/政策

英文名称	中文名称	书中简称
A Biosafety & Biosecurity Innovation Initiative to coordinate the incorporation of safety and security into engineering biology research and bioeconomic growth	《生物安全与生物安保创新倡议：将安全与保障融入工程生物学研究和生物经济增长》	—
Building a Resilient Biomass Supply: A Plan to Enable the Bioeconomy in America	《建立有弹性的生物质供应体系：促进美国生物经济发展的计划》	—
Biomanufacturing Strategy	《生物制造战略》	—
Biotechnology and Biomanufacturing R&D to Further Climate Change Solutions	《加强生物技术和生物制造研发以优化气候变化解决方案》	—
Biotechnology and Biomanufacturing R&D to Further Cross-Cutting Advances	《加强生物技术和生物制造研发以推进生物经济创新发展》	—
Biotechnology and Biomanufacturing R&D to Further Food and Agriculture Innovation	《加强生物技术和生物制造研发以提升食品生产供给能力》	—
Biotechnology and Biomanufacturing R&D to Further Human Health	《加强生物技术和生物制造研发以促进生命健康产业发展》	—
Biotechnology and Biomanufacturing R&D to Further Supply Chain Resilience	《加强生物技术和生物制造研发以提高供应链弹性》	—

续表

英文名称	中文名称	书中简称
Building the Bioworkforce of the Future：*Expanding Equitable Pathways into Biotechnology and Biomanufacturing Jobs*	《建设未来的生物人才队伍——扩大进入生物技术和生物制造行业工作的公平途径行动计划》	《生物人才计划》
Biosafety and Biosecurity Innovation Initiative Plan for the Bioeconomy	《生物经济背景下生物安全与生物安保创新行动计划》	《生物安全与生物安保计划》
Bold Goals for U.S. Biotechnology and Biomanufacturing	《美国生物技术和生物制造远大目标》	—
Developing a National Measure of the Economic Contributions of the Bioeconomy	《开发衡量生物经济对经济贡献的国家指标体系》	—
Executive Order on Advancing Biotechnology and Biomanufacturing Innovation for a Sustainable, Safe, and Secure American Bioeconomy	《关于推进生物技术和生物制造创新以实现可持续、安全和有保障的美国生物经济的行政命令》	《生物制造行政命令》
Industrialization of Biology:A Roadmap to Accelerate the Advanced Manufacturing of Chemicals	《生物工业化路线图：加速化学品的先进制造》	—
National Bioeconomy Blueprint	《国家生物经济蓝图》	—
Safeguarding the Bioeconomy	《护航生物经济》	—
Standards and Metrics to Accelerate the Global Bioeconomy	《加速全球生物经济发展的标准和指标》	—
The Coordinated Framework for the Regulation of Biotechnology: Plan for Regulatory Reform under the Coordinated Framework for the Regulation of Biotechnology	《生物技术监管协调的框架：生物技术监管协调框架下的监管改革计划》	《生物技术监管协调的框架》

续表

英文名称	中文名称	书中简称
The U.S. Bioeconomy: Charting a Course for a Resilient and Competitive Future	《美国生物经济：为灵活和竞争性的未来规划路线》	《未来规划路线》
Vision, Needs, and Proposed Actions for the Data for the Bioeconomy Initiative	《生物经济数据倡议的愿景、需求和拟议行动》	《生物经济数据倡议》
The U.S. Biomanufacturing Economy: Value Added, Supply Chains, Cost, Sustainability, and Efficiency	《美国生物制造经济：增加值、供应链、成本、可持续性和效率》	《美国生物制造经济》
Coordinated Framework for Regulation of Biotechnology	《生物技术监管协调框架》	—

附表2　美国部分机构名称

英文名称	英文缩写	书中中文名称
Agricultural Research Service	ARS	美国农业研究服务局
Bureau of Economic Analysis	BEA	美国商务部经济分析局
Bioenergy Technologies Office	BETO	美国能源部生物能源技术办公室
Department of Commerce	DOC	美国商务部
Department of Defense	DOD	美国国防部
Department of Energy	DOE	美国能源部
Department of Homeland Security	DHS	美国国土安全部
Director of National Intelligence	DNI	美国国家情报总监
Department of Labor	DOL	美国劳工部
Department of Education	ED	美国教育部
Economic Development Administration	EDA	美国商务部经济发展管理局
Environmental Protection Agency	EPA	美国国家环境保护局
Food and Drug Administration	FDA	美国食品药品监督管理局
Office of Fossil Energy and Carbon Management	FECM	美国能源部化石能源与碳管理办公室
United States Department of Health and Human Services	HHS	美国卫生与公众服务部
National Academy of Engineering	NAE	美国国家工程院
National Academy of Medicine	NAM	美国国家医学院
National Academy of Sciences	NAS	美国国家科学院
National Aeronautics and Space Administration	NASA	美国国家航空航天局
National Institute of Food and Agriculture	NIFA	美国国家粮食和农业研究所
National Institutes of Health	NIH	美国国立卫生研究院
National Institute of Standards and Technology	NIST	美国国家标准与技术研究院

续表

英文名称	英文缩写	书中中文名称
National Research Council	NRC	美国国家研究理事会
National Science Foundation	NSF	美国国家科学基金会
Office of Clean Energy Demonstrations	OCED	美国能源部清洁能源示范办公室
Office of the Director of National Intelligence	ODNI	美国国家情报总监办公室
Office of Management and Budget	OMB	美国管理和预算办公室
Office of Science and Technology Policy	OSTP	美国白宫科学和技术政策办公室
President's Council of Advisors on Science and Technology	PCAST	美国总统科学技术顾问委员会
United States Department of Agriculture	USDA	美国农业部
United States Department of the Treasury	USDT	美国财政部
United States Forest Service	USFS	美国林务局